Leopold von Ranke, geboren am 21. Dezember 1795 in Wiehe, Unstrut, ist am 23. Mai 1886 in Berlin gestorben.

Die beiden 1833 und 1836 erschienenen Schriften sind Schlüsseltexte der Rankeschen Geschichtsschreibung und der vom Historismus geprägten deutschen Geschichtswissenschaft im 19. Jahrhundert überhaupt. Ihr gemeinsames Thema ist die historisch gewachsene Mannigfaltigkeit der europäischen Staatenverhältnisse, die Ranke der ideologischen Polarisierung Europas nach der französischen Juli-Revolution von 1830 entgegensetzt: eine historische Grundlegung der Politik, in der zugleich ein historiographisches und geschichtstheoretisches Programm steckt. Während die »Großen Mächte« einen chronologisch angeordneten Abriß der europäischen Staatenbeziehungen seit dem 17. Jahrhundert bieten, geht es im »Politischen Gespräch« um eine systematische Erörterung desselben Problems. Bei aller Zeitgebundenheit verdient diese Form historisch-politischer Reflexion auch heute, in der wieder komplizierter und damit »historischer« gewordenen Welt eines »postideologischen« Zeitalters, unsere unverminderte Aufmerksamkeit. Diese beiden zentralen Texte erscheinen zum 200. Geburtstag des Historikers Leopold von Ranke.

insel taschenbuch 1776

Leopold von Ranke

Die großen Mächte

Leopold von Ranke
Die großen Mächte
Politisches Gespräch

Herausgegeben, kommentiert
und mit einem
Nachwort versehen
von Ulrich Muhlack

Insel Verlag

Umschlagabbildung:
Ingo Ronkholz, Zeichnung.
Ölfarbe auf Papier, 1990.

insel taschenbuch 1776
Erste Auflage 1995

Vertrieb durch den Suhrkamp Taschenbuch Verlag
Umschlag nach Entwürfen von Willy Fleckhaus
Satz: Hümmer GmbH, Waldbüttelbrunn
Druck: Nomos Verlagsgesellschaft, Baden-Baden
Printed in Germany

1 2 3 4 5 6 - 00 99 98 97 96 95

Inhalt

Die großen Mächte

Fragment
historischer Ansichten

Mit Studien und Lektüre verhält es sich nicht anders als mit den Wahrnehmungen einer Reise, ja mit den Ereignissen des Lebens selbst. So sehr uns das Einzelne anziehen und fördern mag, indem wir es genießen, so tritt es doch mit der Zeit in den Hintergrund zurück, verwischt sich, verschwindet; nur die großen Eindrücke die wir auf einer oder der andern Stelle empfingen, die Gesamtanschauungen, die sich uns unwillkürlich oder durch besonders aufmerksame Beobachtung ergaben, bleiben übrig und vermehren die Summe unsers geistigen Besitzes. Die vornehmsten Momente des genossenen Daseins treten in der Erinnerung zusammen und machen ihren lebendigen Inhalt aus.

Gewiß tut man wohl, nach der Lektüre eines bedeutenden Werkes, sich die Resultate desselben, so weit man es vermag, abgesondert vorzulegen, die wichtigern Stellen noch einmal zu übersehen; es ist ratsam, zuweilen die Summe eines mehrere umfassenden Studiums zu ziehen; ich gehe weiter und lade den Leser ein, sich die Ergebnisse einer langen historischen Periode, die nur durch mannigfaltige Bemühungen kennen zu lernen ist, – der letzten anderthalb Jahrhunderte – einmal im Zusammenhange zu vergegenwärtigen.

Ohne Zweifel hat in der Historie auch die Anschauung des einzelnen Momentes in seiner Wahrheit, der besondern Entwicklung an und für sich einen unschätzbaren Wert; das Besondere trägt ein Allgemeines in sich. Allein niemals läßt sich doch die Forderung abweisen, von freiem Standpunkte aus den Zusammenhang des Ganzen zu überschauen; auch strebt jedermann auf eine oder die andere Weise dahin; aus der Mannigfaltigkeit der einzelnen Wahrnehmungen erhebt sich uns unwillkürlich eine Ansicht ihrer Einheit.

Nur ist es schwer, eine solche auf wenigen Blättern mit gehöriger Rechtfertigung und einiger Hoffnung auf Beistimmung mitzuteilen. Ich will mich jedoch einmal daran wagen.

Denn womit könnte ich einen neuen Band dieser Zeitschrift besser einleiten, als wenn ich einige Irrtümer über den Bildungsgang der modernen Zeiten, die sich fast allgemein verbreitet haben, zu erschüttern vermöchte, wenn es mir einigermaßen gelänge, den Weltmoment in dem wir uns befinden, deutlicher und unzweifelhafter, als es gewöhnlich geschehen mag, zur Anschauung zu bringen.

Wage ich mich nun an diesen Versuch, so darf ich nicht zu weit zurück greifen, es wäre sonst notwendig eine Weltgeschichte zu schreiben; auch halte ich mich absichtlich an die großen Begebenheiten, an den Fortgang der auswärtigen Verhältnisse; der Aufschluß für die innern, mit denen sie in der mannigfaltigsten Wirkung und Rückwirkung stehen, wird in ihnen großenteils zu finden sein.

Gehen wir davon aus, daß man in dem sechszehnten Jahrhundert die Freiheit von Europa in dem Gegensatze und dem Gleichgewicht zwischen Spanien und Frankreich sah. Von dem einen überwältigt fand man eine Zuflucht bei dem andern. Daß Frankreich eine Zeit lang durch innere Kriege geschwächt und zerrüttet war, erschien als ein allgemeines Unglück; wenn man dann Heinrich IV so lebhaft begrüßte, so geschah dies nicht allein weil er der Anarchie in Frankreich ein Ende machte, sondern hauptsächlich weil er eben dadurch der Wiederhersteller einer gesicherten europäischen Ordnung der Dinge wurde.

Es ereignete sich aber, daß Frankreich, indem es dem Nebenbuhler allenthalben, in den Niederlanden, in Italien, auf der Halbinsel die gefährlichsten Schläge beibrachte, und die Verbündeten desselben in Deutschland besiegte, hierdurch selber ein Übergewicht an sich riß, größer als jener es in dem Höhepunkte seiner Macht besessen hatte.

Man vergegenwärtige sich den Zustand von Europa, wie er um das Jahr 1680 war.

Frankreich, so sehr dazu geeignet, so lange schon gewohnt Europa in Gärung zu erhalten, – unter einem Könige der es vollkommen verstand der Fürst dieses Landes zu sein, dem sein Adel, nach langer Widerspenstigkeit endlich unterworfen, mit gleichem Eifer am Hof und in der Armee diente, mit dem sich seine Geistlichkeit wider den Papst verbündet hatte; – einmütiger, mächtiger als jemals vorher.

Um das Machtverhältnis einigermaßen zu überblikken, braucht man sich nur zu erinnern, daß zu der nämlichen Zeit als der Kaiser seine beiden ersten stehenden Regimenter, Infanterie und Kürassiere, errichtete, Ludwig XIV im Frieden bereits 100 000 Mann in seinen Garnisonen und 14 000 Mann Garde hielt*; daß, während die englische Kriegsmarine in den letzten Jahren Karls II immer mehr verfiel (sie hatte im Jahre 1678 83 Schiffe gezählt), die französische im J. 1681 auf 96 Linienschiffe vom ersten und zweiten Range, 42 Fregatten, 36 Feluken und eben so viele Brander gebracht ward**. Die Truppen Ludwigs XIV waren die geübtesten, kriegsgewohntesten die man kannte, seine Schiffe sehr wohl gebaut; kein anderer Fürst besaß zum Angriff wie zur Verteidigung so wohlbefestigte Grenzen.

Nicht allein aber durch die militärische Macht, sondern noch mehr durch Politik und Bündnisse war es den Franzosen gelungen die Spanier zu überwältigen. Die Verhältnisse in welche sie dadurch gelangt waren bildeten sie zu einer Art von Oberherrschaft aus.

Betrachten wir zuerst den Norden und Osten. Im Jahre 1674 unternahm Schweden einen gefährlichen Krieg; ohne Vorbereitung, ohne Geld, ohne rechten Anlaß, nur auf das Wort von Frankreich und im Vertrauen

* Salvandy geht noch viel weiter. In der Betrachtung über die Macht Ludwigs XIV um diese Zeit, die er seiner Histoire de Pologne livre VIII, einverleibt hat, sagt er II, p. 259: les trésors permirent au roi de tenir sous les drapeaux en pleine paix les quatre cent mil hommes qui faisaient trembler toutes les cours. Authentisch bei den Zeitgenossen finde ich nur jene Anzahl. ** Voltaire (Siècle de Louis XIV, II p. 139), rechnet 1681 alles in allem 198 Kriegsfahrzeuge und 30 Galeeren im Hafen von Toulon. Obiges sind die Angaben einer Relation Contarini's von diesem Jahr.

auf dessen Subsidien. Die Erhebung Johann Sobieski's zur polnischen Krone ward in einem offiziellen Blatte als ein Triumph Ludwigs XIV angekündigt; König und Königin waren lange im französischen Interesse. Von Polen aus unterstützte man, wenn es über Wien nicht mehr möglich war, die ungarischen Mißvergnügten*: die Franzosen vermittelten die Verbindung derselben mit den Türken; denn auf den Diwan übten sie ihren alten, durch die gewöhnlichen Mittel erhaltenen Einfluß ohne Störung. Es war alles *ein* System. Eine vorzügliche Rücksicht der französischen Politik bestand darin, den Frieden zwischen Polen und Türken zu erhalten, dazu wurde selbst der Tatarchan angegangen. Eine andere war, Schweden von den Russen nicht mit Krieg überziehen zu lassen. Kaum machten, sagt Contarini 1681, die Moscowiten Miene, Schweden anzugreifen, das mit Frankreich verbündet ist, so drohten die Türken, mit Heeresmacht in das Land des Zaren einzufallen. Genug, Krieg und Frieden dieser entfernten Gegenden hing von Frankreich ab.

Man weiß, wie unmittelbar, hauptsächlich durch Schweden, das nämliche System Deutschland berührte. Aber auch ohne dies war unser Vaterland entzweit und geschwächt. Baiern und Pfalz waren durch Heiratsverbindungen an den französischen Hof geknüpft und fast alle übrigen Fürsten nahmen zu einer oder der andern Zeit Subsidien; der Kurfürst von Cöln überlieferte vermöge eines förmlichen Traktates, den er durch verschie-

* Mémoires du comte Betlem Niclos. Révolutions de Hongrie VI, 275.

dene Scheinverträge verheimlichte, seine Festung Neuß an eine französische Besatzung*.

Auch in dem mittlern und dem südlichen Europa war es nicht viel anders. Die Schweizer dienten zuweilen, über 20000 Mann stark, in den französischen Heeren, und von der Unabhängigkeit ihrer Tagsatzungen war bei so starkem öffentlichen, noch stärkerem geheimen Einfluß nicht mehr viel zu rühmen. Um sich Italien offen zu erhalten, hatte Richelieu Pinarolo genommen; noch wichtiger ist Casale, wodurch Mailand und Genua unmittelbar bedroht werden**. Jedermann sah, welche Gefahr es wäre, wenn auch dieser Platz in französische Hände komme; jedoch wagte kein Mensch sich der Unterhandlung, die Ludwig XIV mit dem Herzoge von Mantua darüber pflog, obwohl sie lange genug dauerte, ernstlich zu widersetzen, und endlich rückte eine französische Besatzung daselbst ein. Wie der Herzog von Mantua, waren auch die übrigen italienischen Fürsten großenteils in der Pflicht von Frankreich. Die Herzogin von Savoyen und, jenseits der Pyrenäen, die Königin von Portugal waren Französinnen***. Der Kardinal d'Etrées hatte über die eine wie die andere eine so unzweifelhafte Gewalt, daß man gesagt hat, er beherrsche sie despotisch; durch sie die Länder.

Sollte man aber glauben, daß Frankreich indes selbst auf seine Gegner vom Hause Östreich, im Kampf mit denen es eben seine vorherrschende Gewalt erworben

* Bei Flassan Diplomatie française III, p. 400 findet sich ein Auszug dieser fast beispiellosen Traktaten. ** Foscarini dell' historia Veneta, lib. III, p. 120. *** Contarini: Con Savoia dimostra il re mantenere sovranità più che corrispondenza. Pinarolo nel seno non gli permette libertà alcuna.

hatte, einen entschiedenen Einfluß erwarb? Es verstand die spanische und die deutsche Linie zu trennen. Der junge König von Spanien vermählte sich mit einer französischen Prinzessin, und gar bald zeigte sich dann die Wirksamkeit des Botschafters von Frankreich auch in den innern Angelegenheiten von Spanien. Der bedeutendste Mann den dies Land damals hatte, der zweite Don Juan d'Austria, ward, so viel ich finde, durch die Franzosen in den Mißkredit gebracht, in welchem er starb. Aber auch zu Wien, selbst mitten im Kriege, wußten sie, wiewohl bloß insgeheim, Fuß zu fassen. Nur unter einer solchen Voraussetzung wenigstens glaubte man die Schwankungen des dortigen Kabinetts begreifen zu können. Die Anordnungen des Hofkriegsrats waren, wie Montecuculi klagte, früher zu Versailles bekannt, als in dem eigenen Hauptquartier*.

Bei diesem Zustande der Dinge hätte wohl vor allen europäischen Staaten England den Beruf gehabt, wie es auch eigentlich allein die Kraft dazu besaß, sich den Franzosen zu widersetzen. Aber man weiß, durch welche sonderbare Vereinigung der mannigfaltigsten Beweggründe der Politik und der Liebe, des Luxus und der Religion, des Interesses und der Intrige Karl II an Ludwig XIV gebunden war. Für den König von Frankreich waren diese Bande jedoch noch nicht fest genug. In dem nämlichen Augenblicke ließ er sich angelegen sein auch die wichtigsten Mitglieder des Parlaments an sich zu ziehen. So independent, so republikanisch gesinnt sie waren, so brauchte er doch nur die nämlichen Mittel anzuwenden.

* Pufendorf rerum Brandeburgicarum lib. XII, p. 929.

Die Gründe, sagt der französische Gesandte Barillon von einem derselben, die Gründe die ich ihm anführte überzeugten ihn nicht; aber das Geld das ich ihm gab, das machte ihn sicher*. Hierdurch erst bekam Ludwig XIV England in seine Gewalt. Hätte der König sich von ihm entfernt, so würde derselbe Widerstand im Parlament gefunden haben; sobald das Parlament dem nationalen Widerwillen gegen die Franzosen Raum gab, stellte sich der König entgegen. Ludwigs Politik war, und Barillon sagt ausdrücklich es liege demselben am Herzen, eine Vereinigung der Engländer, eine Aussöhnung zwischen König und Parlament zu verhindern. Nur allzuwohl gelang es ihm; die englische Macht ward hierdurch völlig neutralisiert.

Und so war allerdings Europa den Franzosen gegenüber entzweit und kraftlos, ohne Herz, wie ein Venezianer sagt, und ohne Galle. Welch ein Zustand der allgemeinen Politik, daß man es duldete, als Ludwig auf den Antrag eines seiner Parlamentsräte zu Metz jene Reunionskammern einrichtete, vor die er die mächtigsten Fürsten zitierte um über ihre Rechte an Land und Leute, durch Staatsverträge gewährleistet, wie über Privatrechte von seinen Gerichten entscheiden zu lassen. Welch ein Zustand des deutschen Reiches, daß es sich Straßburg so gewaltsam, so wider die Natur der Dinge entreißen ließ. Man erlaube mir anzuführen, wie ein Fremder lange nachher die Eroberung des Elsasses bezeichnet. »Wenn

* Bekanntlich hat Dalrymple das Verdienst diese Depeschen entdeckt und mitgeteilt zu haben. Eine der unglücklichsten Besonderheiten der Übersetzung seines Werkes von J. G. Müller ist, daß diese Mitteilungen darin weggelassen sind.

man die Geschichte davon liest,« sagt Young in einer Reisebeschreibung, »so macht sie einen so tiefen Eindruck nicht; daß ich aber, aus Frankreich kommend, über hohe Gebirge mußte und dann in eine Ebene hinabstieg in der ein von den Franzosen in Sitte, Sprache und Abstammung ganz unterschiedenes Volk wohnt (die Ebene welche damals erobert wurde), das machte mir Eindruck.« Und eine solche Beleidigung nahm Deutschland hin und schloß darüber einen Stillstand.

Was gab es da noch, was sich Ludwig XIV nicht hätte erlauben sollen? Ich will nicht lange ausführen wie er Genua mißhandelte, wie er seinen Ambassadeur dem Papst zum Trotz mit einer bewaffneten Macht in Rom einrücken ließ; erinnern wir uns nur wie er selbst seiner Freunde nicht schonte. Er nahm Zweibrücken in Besitz, obwohl es seinem alten Bundesgenossen, dem Könige von Schweden gehörte; sein Admiral beschoß Chios, weil sich tripolitanische Seeräuber dahin geflüchtet, obgleich die Türken seine Verbündeten waren; einiger Forts, die der englischen Gesellschaft der Hudsonsbay gehörten, bemächtigte er sich mitten im Frieden während des besten Einverständnisses*. Jener Königin von Polen versagte Ludwig XIV eine geringfügige Genugtuung ihres Ehrgeizes. Nachdem er sich Freunde gemacht, durch Geld oder Unterstützung, liebt er es sie zu vernachlässigen, sei es, um ihnen zu beweisen, daß er sie im Grunde doch nicht brauche, oder in der Überzeugung die Furcht vor seinem Unwillen allein werde sie in Pflicht halten. In jeder Unterhandlung will er dies sein Übergewicht fühlen lassen. Von einem seiner auswärti-

* Anderson Geschichte des Handels Bd. VI, S. 139.

gen Minister sagt er selbst: »ich habe ihn entfernen müssen, denn allem was durch seine Hand ging, gebrach es an der Großartigkeit und Kraft, welche man zeigen muß, wenn man die Befehle eines Königs von Frankreich ausführt, der nicht unglücklich ist*.«

Man darf annehmen, daß diese Gesinnung der vornehmste Antrieb selbst seiner Kriegslust war. Schwerlich war gerade eine ausschweifende Ländergier in ihm; von einer weit um sich greifenden Eroberung war eigentlich nicht die Rede. Wie die Feldzüge selbst nur eben mit zu den Beschäftigungen des Hofes gehören; – man versammelt ein Heer, man läßt es vor den Damen paradieren; alles ist vorbereitet; der Schlag gelingt; der König rückt in die eroberte Stadt ein, dann eilt er zum Hofe zurück; – so ist es hauptsächlich diese triumphierende Pracht der Rückkehr, diese Bewunderung des Hofes worin er sich gefällt; es liegt ihm nicht so viel an der Eroberung, an dem Kriege, als an dem Glanze den sie um ihn verbreiten. Nein! einen freien, großen und unvergänglichen Ruhm sucht er nicht; es liegt ihm nur an den Huldigungen seiner Umgebung; diese ist ihm Welt und Nachwelt.

Aber darum war der Zustand von Europa nicht weniger gefährdet. Sollte es ein Supremat geben, so müßte es wenigstens ein rechtlich bestimmtes sein. Dies faktische unrechtmäßige, das den ruhigen Zustand jeden Augenblick durch Willkür stört, würde die Grundlage der

* So viel ich weiß, hat Voltaire diese Stelle zuerst mitgeteilt. Siècle de Louis XIV, II, p. 99. Flassan und Lemontey wiederholen sie nur, beide ohne Voltaire's zu gedenken, aber der erste, wie es scheint, aus eigener Ansicht der Handschrift, so daß sie wohl für echt gelten kann.

europäischen Ordnung der Dinge und ihrer Entwickelung auflösen. Man bemerkt nicht immer, daß diese Ordnung sich von andern, die in der Weltgeschichte erschienen sind, durch ihre rechtliche, ja juridische Natur unterscheidet. Es ist wahr, die Weltbewegungen zerstören wieder das System des Rechtes; aber nachdem sie vorübergegangen, setzt sich dies von neuem zusammen, und alle Bemühungen zielen nur dahin es wieder zu vollenden.

Und dies wäre noch nicht einmal die einzige Gefahr gewesen. Eine andere nicht minder bedeutende lag darin, daß ein so entschieden vorherrschender Einfluß einer Nation es schwerlich zu einer selbstständigen Entwickelung der übrigen hätte kommen lassen, um so weniger, da er durch das Übergewicht der Literatur unterstützt wurde. Die italienische Literatur hatte den Kreis ihrer originalen Laufbahn bereits vollendet; die englische hatte sich noch nicht zu allgemeiner Bedeutung erhoben; eine deutsche gab es damals nicht. Die französische Literatur, leicht, glänzend und lebendig, vollendet und höchst geregelt, in ihrer Faßlichkeit für jedermann dennoch ganz eigentümlich, fing an, Europa zu beherrschen. Es sieht beinahe wie ein Scherz aus, wenn man bemerkt hat, daß z. B. das Diktionär der Akademie, in welchem sich die Sprache fixierte, besonders an Ausdrücken der Jagd und des Krieges reich ist, wie sie am Hofe gäng und gäbe waren; aber leugnen läßt sich nicht, daß diese Literatur dem Staate völlig entsprach, und ein Teil den andern in der Erwerbung seines Supremats unterstützte. Paris ward die Kapitale von Europa. Es übte eine Herrschaft wie nie eine andere Stadt; der Sprache, der Sitte; gerade über die vornehme Welt und die wirksamen Klassen; die Gemeinschaftlichkeit von Europa fand hier ihren Mittelpunkt. Sehr besonders ist es doch, daß die Franzosen schon damals ihre Verfassung aller Welt angepriesen haben, »den glücklichen Zustand der schutzreichen Untertänigkeit, in dem sich Frankreich unter seinem Könige befinde, einem Fürsten, welcher vor allen verdiene, daß die Welt von seiner Tapferkeit und seinem Verstand regiert und in rechte Einigkeit gebracht werde«*.

Versetzt man sich in jene Zeit, in den Sinn eines Mitlebenden zurück, welch' eine trübe, beengende, schmerzliche Aussicht! Es konnte doch geschehen, daß die falsche Richtung der Stuarts in England die Oberhand behielt, und die englische Politik sich auf ganze Zeiträume hinaus an die französische fesselte. Nach dem Frieden von Nimwegen wurden die lebhaftesten Unterhandlungen gepflogen, um die Wahl eines römischen Königs auf Ludwig XIV selbst oder doch den Dauphin fallen zu lassen; bedeutende Stimmen waren dafür gewonnen, »denn allein der allerchristlichste König sei fähig, dem Reiche seinen alten Glanz wiederzugeben,« und so unmöglich war es nicht, daß unter günstigen Umständen eine solche Wahl wirklich getroffen wurde; wie dann, wenn hernach auch die spanische Monarchie an einen Prinzen dieses Hauses fiel? Hätte zugleich die französische Literatur beide Richtungen, deren sie fähig war, die protestantische so gut wie die katholische ausge-

* Rühs historische Entwickelung des Einflusses Frankreichs und der Franzosen auf Deutschland und die Deutschen, hat einige Flugschriften damaliger Zeit exzerpiert, aus denen sich dies ergibt. S. 234.

bildet, so würde Staat und Geist der Franzosen sich mit unwiderstehlicher Gewalt Europa unterworfen haben. Versetzt man sich, wie gesagt, in jene Zeit zurück, wodurch würde man glauben, daß einer so unglücklichen Wendung der Dinge Einhalt geschehen könnte?

Gegen den Anwachs der Macht und des politischen Übergewichtes konnten die Mindermächtigen sich vereinigen. Sie schlossen Bündnisse, Assoziationen. Dahin bildete sich der Begriff des europäischen Gleichgewichtes aus, daß die Vereinigung vieler andern dienen müsse, die Anmaßungen des exorbitanten Hofes, wie man sich ausdrückte, zurückzudrängen. Um Holland und Wilhelm III sammelten sich die Kräfte des Widerstandes. Mit gemeinschaftlicher Anstrengung wehrte man die Angriffe ab, führte man die Kriege. Allein man würde geirrt haben, wenn man sich hätte überreden wollen, es liege darin eine Abhülfe auf immer. Einem europäischen Bündnisse und einem glücklichen Kriege zum Trotz wurde ein Bourbon König von Spanien und Indien; über einen Teil von Italien sogar breitete sich in dem allmählichen Fortgang der Dinge die Herrschaft dieses Geschlechtes aus.

In großen Gefahren kann man wohl getrost dem Genius vertrauen, der Europa noch immer vor der Herrschaft jeder einseitigen und gewaltsamen Richtung beschützt, jedem Druck von der einen Seite noch immer Widerstand von der andern entgegengesetzt, und bei einer Verbindung der Gesamtheit, die von Jahrzehend zu Jahrzehend enger und enger geworden, die allgemeine Freiheit und Sonderung glücklich gerettet hat. Da das französische Übergewicht auf dem Maße der Macht, auf innerer Stärke beruhte, so war ihm nur dadurch wahrhaft zu begegnen, daß ihm gegenüber auch andere Mächte zu innerer Einheit, selbstständiger Kraft und allgemeiner Bedeutung entweder zurückkehrten oder auf's neue emporkämen. Überblicken wir in wenig flüchtigen Zügen wie dies geschah.

England, Östreich, Rußland

Zuerst erhob sich England zu dem Gefühle seiner Stärke. Dies war, sahen wir, bisher dadurch zurückgehalten, gebrochen worden, daß Ludwig XIV zugleich Karl II und das Parlament bearbeitete, und bald den einen, bald das andere für seine Zwecke zu stimmen wußte. Mit Jakob II aber stand Ludwig in einem viel vertraulichern Verhältnis als mit Karl. Wenn nichts anderes, so vereinigte sie schon ihre religiöse Gesinnung, die gemeinschaftliche Devotion. Daß Jakob den Katholizismus so auffallend begünstigte, war einem Fürsten erwünscht, der die Protestanten selber grausam verfolgte. Ludwig ergoß sich in Lob, und der englische Gesandte kann nicht genug sagen mit welcher Herzlichkeit er sich zu jedem erdenklichen Beistand erboten habe, als Jakob den entscheidenden Schritt getan und die Bischöfe gefangen gesetzt hatte. Aber eben dies bewirkte, daß alle populare, und da die englische Kirche angegriffen war, selbst die aristokratischen Gewalten sich zugleich ihrem Könige und den Franzosen entgegenwarfen. Es war eine religiöse, nationale und im Interesse des bedrohten Europa's unternommene Bewegung der die Stuarts unterlagen. Eben der leitete sie, der bisher die Seele aller Unternehmungen gegen Frankreich gewesen war, Wilhelm III. Der neue König und sein Parlament bildeten seitdem eine einzige Partei. Es konnte Streitigkeiten, selbst heftige Streitigkeiten zwischen ihnen geben, aber auf die Dauer in der Hauptsache konnten sie sich nicht wieder entzweien; zumal da der Gegensatz so stark war, den sie gemeinschaftlich erfuhren. Die Parteien, die sich bisher in die Extreme geworfen, um einander von den entgegengesetztesten Standpunkten aus zu befehden, wurden in den Kreis des Bestehenden verwiesen, wo sie freilich auch mit einander stritten, aber sich zugleich mit einander ausglichen; wo ihr Widerstreit zu einem lebendigen Gärungsstoff der Verfassung wurde. Es ist nicht ohne Interesse diesen Zustand mit dem französischen zu vergleichen. Sie hatten doch vieles gemein. In Frankreich wie in England, waren aristokratische Geschlechter im Besitz der Gewalt; die einen wie die andern genossen einer alle Andern ausschließenden Berechtigung; sie besaßen dieselbe beide vermöge ihrer Religion, die einen durch ihren Katholizismus, die anderen durch ihren Protestantismus. Dabei aber bestand der größte Unterschied. In Frankreich war alles Uniformität, Unterordnung und Abhängigkeit eines höchst ausgebildeten, sittlich verderbten Hofwesens. In England ein gewaltiges Ringen, ein politischer Wettkampf zwei fast mit gleichen Kräften ausgerüsteter Parteien innerhalb eines bestimmten, umschriebenen Kreises. In Frankreich schlug die nicht ohne Gewalt gepflanzte Devotion nur zu bald in ihr offenbares Gegenteil um. In England bildete sich eine vielleicht beschränkte, im Ganzen männlich selbstbewußte Religiosität aus, die ihre Gegensätze überwand. Jenes verblutete an den Unternehmungen eines falschen Ehrgeizes; diesem strotzten die Adern von jugendlicher Kraft. Es war, als träte der Strom der englischen Nationalkraft nun erst aus den Gebirgen, zwischen denen er sich bisher zwar tief und voll, aber enge, sein Bette gewühlt, in die Ebene hervor, um sie in stolzer Majestät zu beherrschen, Schiffe zu tragen und Weltstädte an seinen Ufern gründen zu sehen. Das Recht der Geldbewilligung über welches bisher die meisten Streitigkeiten zwischen dem König und dem Parlament ausgebrochen, fing nun vielmehr an sie mit einander zu verbinden. Karl II hatte während des Vierteljahrhunderts seiner Regierung alles in allem drei und vierzig Millionen Pfund eingenommen: Wilhelm empfing binnen 13 Jahren zwei und siebenzig Millionen Pfund; wie ungeheuer aber stiegen seitdem diese Anstrengungen. Eben darum stiegen sie, weil sie freiwillig waren, weil man sah, daß ihr Ertrag nicht dem Luxus weniger Hofleute, sondern dem allgemeinen Bedürfnis diente. Da war das Übergewicht der englischen Marine nicht lange zweifelhaft. Im Jahre 1678 hatte es ein blühender Zustand der königlichen Flotte geschienen daß sie, die Brander eingeschlossen, 83 Kriegsschiffe zählte, mit einer Bemannung von 18 323 Mann. Im Dezember 1701 besaß man dagegen, Brander und kleinere Fahrzeuge ausgeschlossen, 184 Schiffe vom ersten bis sechsten Range mit einer Bemannung von 53 921 Mann*. Wenn, wie man glaubt, der Ertrag des Postwesens einen Maßstab für den innern Verkehr ab-

* Aufzählungen im Einzelnen aus Pepys und andern, bei Hervey Geschichte der englischen Schiffahrt II, p. 111. 317 der Üb.

gibt, so muß man sagen, daß auch dieser ungemein gestiegen war. Im Jahre 1660 soll die Post 12000 Pfund, im Jahre 1699 dagegen 90 504 Pfund Sterling abgeworfen haben*. Man hat gleich damals bemerkt, daß das eigentliche nationale Motiv zu dem spanischen Erbfolgekriege die Besorgnis war, Frankreich und Spanien vereinigt möchten den westindischen Verkehr den Engländern und Holländern wieder entreißen**. Hätte auch sonst der Friede, den man zuletzt schloß, den Tadel verdient, den die Whigs so lebhaft über denselben aussprachen, so hat er doch diese Furcht beseitigt. Nichts bezeichnet mehr das Übergewicht der Engländer über die bourbonischen Mächte, als daß sie Gibraltar behaupteten. Den besten Verkehr mit den spanischen Kolonien brachten sie nunmehr sogar durch Vertrag an sich, indes die eigenen sich in ungeheurem Fortschritt ausbreiteten. Wie Batavia vor Calcutta, so verschwand seitdem der alte maritime Glanz von Holland in dem englischen, und schon Fried-

* Anderson VI, 347. ** Ich finde dies schon bei einem venezianischen Gesandten: – Le massime degli Inglesi sono, sagt Mocenigo 1706, – che nella Superiorità della Flotta, e nelle forze del mare consisti il Presidio, e la diffesa de Regni non meno che l'influenza per promovere e migliorare il Commercio; che questo s'abbi a sostenere con tutto l'impegno; al qual effetto si tende di render bilanciata la forza de Principi perchè il predominio d'alcuno non animasse il corragio e la forza a prohibire il trafico alli Stranieri, per convertirlo tutto in proprio uso e vantaggio. E questo è stato il mottivo, che più d'ogni altro ha persuaso d'intraprendere, e continuare la Guerra presente nell' apprensione, che le due Potenze di Francia, e Spagna unite insieme d'interesse, e di consiglio non volessero sole esercitare il Commercio dell' Indie ch'è il fondamento delle ricchezze delle due nazioni maritime con utile reciproco e con l'esclusione ancora degli altri. Per il resto e per tutti gli altri riguardi poco s'apprezza in Inghilterra la Corrispondenza con Principi.

rich der Große fand zu bemerken, Holland folge dem Nachbar nach wie ein Boot seinem Schiff. Die Vereinigung mit Hannover brachte ein neues, kontinentales, nicht minder antifranzösisches Interesse hinzu. In dieser großen Bewegung erhob sich die englische Literatur zuerst zu europäischer Bedeutung, und sie fing an, mit der französischen zu wetteifern. Naturforschung und Philosophie, diese sowohl in der einen als in der andern ihrer Richtungen, brachten eine neue und originale Weltansicht hervor, in der jener die Welt übermeisternde Geist sich selber faßte und widerspiegelte. Zwar würde man zu viel behaupten, wenn man den Engländern die Schöpfung vollendeter, in der Form unvergänglicher Denkmale der Poesie oder der Kunst in dieser Zeit zuschreiben wollte, aber herrliche Genien hatten sie auch damals, und längst besaßen sie wenigstens einen großen Dichter, dessen Werke – für alle Zeiten faßlich und wirksam wie sie sind – Europa nun erst kennen lernte. Hatten sie eine Zeitlang französische Formen nicht verschmäht, so nahm man nun an den ausgezeichnetsten Franzosen die Wirkung ihres Geistes und ihrer Wissenschaft wahr.

Dergestalt setzte sich Ludwig dem XIV jener Nebenbuhler, dessen er durch Politik oder den Einfluß der Religion Herr zu werden gehofft hatte, mächtiger in sich, großartiger und gefährlicher, als man irgend erwarten können, entgegen. Alle maritimen Beziehungen, alle Verhältnisse des europäischen Westen wurden dadurch von Grund aus verändert.

Indessen ward zur nämlichen Zeit auch der Osten umgestaltet.

Ich kann die Meinung nicht teilen, daß das deutsche

Östreich in der Bedeutung, in der wir es erblicken, eine alte Macht zu nennen sei. Während des Mittelalters hätte es ohne das Kaisertum nur wenig zu sagen gehabt. Dann ward es von der spanischen Monarchie zugleich mit fortgezogen und in Schatten gestellt; am Ende des sechszehnten Jahrhunderts war es durch den Zwiespalt der Religion und die erblichen Berechtigungen der Stände in seinen verschiedenen Landschaften alles auswärtigen Ansehens entkleidet worden; im Anfang des dreißigjährigen Krieges mußten deutsche Heere dem Kaiser sein Erbland wieder erobern. Selbst der Glanz, den die wallensteinischen Unternehmungen auf Ferdinand warfen, war doch nur vorübergehend; und welche gewaltsame Rückwirkung riefen sie nicht hervor. Wie oft wurden seitdem die Hauptstädte östreichischer Provinzen von den schwedischen Heeren bedroht. Jedoch gelang es eben damals dem Hause Östreich durch die Vernichtung seiner Gegner, die Erhebung seiner Anhänger, die endliche Befestigung des Katholizismus, seine Macht im Innern auf immer zu begründen. Es war der erste Schritt zu dem Ansehen, das es in neuerer Zeit erworben hat. Zu einer selbstständigen und europäisch bedeutenden Macht wurde aber Östreich erst durch die Wiedereroberung von Ungarn. So lange Ofen in den Händen der Türken war, konnten die Franzosen Östreich bedrohen, ja außerordentlich gefährden, so oft es ihnen gefiel ihren Einfluß auf den Diwan dahin zu verwenden. Haben sie den Zug Kara Mustapha's im Jahre 1683 auch nicht veranlaßt, so haben sie doch darum gewußt. Ihre Absicht war dabei nicht, Deutschland oder die Christenheit zu verderben: so weit gingen sie nicht; aber Wien wollten sie nehmen, die Türken wollten sie selbst bis an den Rhein vordringen lassen. Dann wäre Ludwig XIV als der einzige Schirm der Christenheit hervorgetreten; in der Verwirrung, die eine solche Bewegung hätte hervorbringen müssen, würde es ihm nicht haben fehlen können, über die deutsche Krone zu verfügen und sie, wenn er nur wollte, selbst an sich zu nehmen.

Unter den Mauern von Wien schlug dieser Plan fehl. Es war die letzte große Anstrengung der Türken, die um so verderblicher auf sie zurückwirkte, da sie alle ihre Kräfte dazu in barbarischem Übermaße aufgewendet hatten. Seitdem wichen denn vor den deutschen Kriegsscharen welche, wie ein Italiener sagt, »wie eine starke undurchdringliche Mauer« vorrückten, die ungeordneten türkischen Haufen allenthalben zurück; vergebens erklärte ein Fetwa des Mufti, daß Ofen der Schlüssel des Reiches, und die Verteidigung dieses Platzes eine Glaubenspflicht sei; es ging doch verloren; ganz Ungarn ward wieder erobert und zu einem erblichen Reiche gemacht. Die Mißvergnügten unterwarfen sich; in die Grenzen von Niederungarn rückten die Raizischen Geschlechter ein, um dieses fortan wider die Türken zu verteidigen. Seitdem hatte Östreich eine ganz andere Grundlage als früher. Sonst wurden alle Kriege in Ungarn von deutschen Heeren geführt, und man sagte, alle dortigen Flüsse seien mit deutschem Blute gefärbt; jetzt erschienen die Ungarn als der Kern der östreichischen Heere in den deutschen Kriegen. Nun war es der französischen Diplomatie nicht mehr möglich, die Türken bei jedem leichten Anlaß in das Herz der Monarchie zu rufen; nur noch einmal fand sie bei den Mißvergnügten

Beistand und Hülfe; endlich war Alles ruhig; eben auf diejenige Provinz, die ihn bisher am meisten gefährdet hatte, gründete seitdem der Kaiser seine Gewalt.

Man sieht von selbst, welch eine Veränderung die Befestigung dieser stabilen, reichen, wohlbewaffneten Macht, welche die Türken in Zaum, ja in Furcht hielt, in den Verhältnissen des europäischen Osten hervorbringen mußte.

Ludwig XIV erlebte wenigstens den Anfang noch einer andern.

Die Zustände von Polen, durch die es ihm leicht wurde, in diesem Lande immer eine Partei zu haben, die Macht von Schweden, das durch Herkommen und alten Bund wenigstens in der Regel an ihn geknüpft war, gaben ihm ohne viel Anstrengung ein entschiedenes Übergewicht in dem Norden. Karl XII machte darin keine Änderung. Es war einer seiner ersten Entschlüsse, wie er zu seinem Kanzler sagte, »schlechterdings die Allianz mit Frankreich abzuschließen und zu dessen Freunden zu gehören«*. Es ist wahr, der spanische Erbfolgekrieg und der nordische, die hierauf fast zu gleicher Zeit begannen, hatten keinen vorausbedachten, durch Unterhandlungen vermittelten Zusammenhang, obwohl man ihn oft vermutete**: aber die schwedischen Unternehmungen kamen den Franzosen durch ihren Erfolg zu Statten; in der Tat hatten die Begebenheiten eine gleichartige Tendenz. Während die spanische Sukzession dienen sollte den Bourbonen den Süden von Europa in die Hände zu liefern, waren die alten Verbündeten der Bourbonen, die

* Flassan aus d'Avaux IV, 170. ** Lamberty mémoires et négociations IV, 291.

Schweden, nahe daran, die Herrschaft in dem Norden völlig an sich zu bringen. Nachdem Karl XII die Dänen überfallen und zum Frieden gezwungen, nachdem er Polen erobert und einen König daselbst gesetzt, nachdem er die Hälfte von Deutschland, das in seinem Osten nicht viel besser befestigt war, als in seinem Westen, durchzogen und Sachsen eine Zeitlang inne gehabt, blieb ihm zur Befestigung seiner Suprematie nichts mehr übrig, als den Zaren, den er schon einmal geschlagen, völlig zu vernichten. Dazu brach er mit seinem in Sachsen verjüngten Heere auf. Der Zar hatte sich indes mit großer Anstrengung gerüstet. Es kam zu dem entscheidenden Kampfe des Jahres 1709. Sie begegneten einander noch einmal, diese beiden nordischen Heroen, Karl XII und Peter I, originale Geburten germanischer und slawischer Nationalität. Ein denkwürdiger Gegensatz. Der Germane großgesinnt und einfach, ohne Flecken in seinem Lebenswandel, ganz ein Held, wahr in seinen Worten, kühn in seinem Vornehmen, gottesfürchtig, hartnäckig bis zum Eigensinn, unerschütterlich*. Der Slawe, zugleich gutmütig und grausam, höchst beweglich, noch halb ein Barbar, aber mit der ganzen Leidenschaftlichkeit einer frischen lernbegierigen Natur den Studien und Fortschritten der europäischen Nationen zugewandt, voll von großen Entwürfen und unermüdlich, sie durchzusetzen. Es ist ein erhabener Anblick, den Kampf dieser Naturen wahrzunehmen. Man könnte zweifeln, welches die vorzüglichere war; so viel ist ge-

* Effigies corporis et animi Caroli XII Sueciae regis a Polono nobili descripta, bei Lamberty IV, 436. finde ich anschaulich und unterrichtend.

wiß, daß sich die größere Zukunft an die Erfolge des Zaren knüpfte. Während Karl für die wahren Interessen seiner Nation wenig Sinn zeigte, hatte Peter die Ausbildung der seinigen, die er selbst vorbereitet und begonnen, an seine Person geknüpft, und ließ dieselbe sein vornehmstes Augenmerk sein. Er trug den Sieg davon. In dem Berichte, den er über die Schlacht von Pultawa an seine Leute ergehen ließ, fügte er in einer Nachschrift hinzu: »damit sei der Grundstein zu St. Petersburg gelegt.« Es war der Grundstein zu dem ganzen Gebäude seines Staates und seiner Politik. Seitdem fing Rußland an, in dem Norden Gesetze zu geben. Es wäre ein Irrtum, wenn man glauben wollte, es hätte dazu einer langen Entwickelung bedurft; es geschah vielmehr auf der Stelle. Wie hätte auch August II von Polen, der seine Herstellung einzig und allein den Waffen der Russen verdankte, sich ihrem Einfluß entziehen können? Aber überdies mußte er in den innern Entzweiungen, im Kampfe mit seinem Adel, ihre Hülfe aufs neue in Anspruch nehmen. Hierdurch ward Peter I unmittelbarer Schiedsrichter in Polen, mächtig über beide Parteien; um so gewaltiger, da die Polen ihre Armee um drei Vierteile verminderten*, während die seinige immer zahlreicher, geübter und furchtbarer wurde. Der Zar, sagt ein Venezianer im Jahre 1717, welcher sonst Gesetze von den Polen empfangen hat, gibt deren jetzt ihnen nach seinem Gutdünken mit unbeschränkter Autorität**. Notwendigerweise hörte seitdem der Einfluß der Franzosen in

* Von 80000 Mann auf 18000, sagt Rulhiere: Histoire de l'anarchie de Pologne I, 120. ** Relazione di Daniel Dolfin 3. Ms. aus Venedig, wie die oben angeführten Relationen.

Polen mehr und mehr auf; sie vermochten ihre Thronkandidaten nicht mehr zu befördern, selbst wenn sie den Adel für sich hatten. Indessen war Schweden durch eben diese Ereignisse entkräftet und herabgebracht worden. Noch in seinen letzten Tagen hatte Ludwig XIV dieser Krone alle ihre Besitzungen garantiert; nichts desto minder war sie zuletzt eines bedeutenden Teils derselben verlustig gegangen. Es ist wahr, daß die Franzosen ihren Einfluß auf Stockholm behaupteten. Man klagte dort 1756, Schweden werde von Paris aus regiert, wie eine französische Provinz*. Aber, wie gesagt, Schweden war ganz unbedeutend geworden. Es waren armselige innere Entzweiungen der Mützen und der Hüte auf die man Einfluß hatte. Wenn man sie ein paar Mal benutzte um einen Krieg gegen Rußland hervorzurufen, so war das eher ein Nachteil; man gab diesem Reiche nur Gelegenheit zu neuen Siegen und Vergrößerungen.

Und so war der Norden unter eine ganz andere Herrschaft geraten als die mittelbare von Frankreich; eine große Nation trat dort in eine neue, eine eigentlich europäische Entwickelung ein. In dem Osten war der französische Einfluß zwar nicht verschwunden; aber er hatte daselbst, obwohl Östreich unter Karl VI schwach genug wurde, doch lange nicht mehr die alte Bedeutung. Die See war in den Händen des Nebenbuhlers; die vorteilhafte Verbindung welche Frankreich über Cadix mit dem spanischen Amerika angefangen, duldete oder unterbrach derselbe nach seiner Konvenienz.

In dem südlichen Europa dagegen, durch das natürliche Einverständnis der bourbonischen Höfe, das nach

* Bei Sheridan, Geschichte der Staatsveränderung von 1772. S. 204.

kurzer Unterbrechung bis zu gemeinschaftlichen Planen hergestellt worden war, und in Deutschland hatte Frankreich noch immer ein großes Übergewicht.

Vor allem in Deutschland.

Es existieren Betrachtungen über den politischen Zustand von Europa vom Jahre 1736, die uns die Lage, besonders der deutschen Angelegenheiten, kurz vor dem östreichischen Sukzessionskriege geistreich und bündig schildern*. Wenn der Verfasser zugibt, daß Kaiser Karl VI seine Macht im Reiche zu erweitern, die Verfassung monarchischer zu machen, bemüht sei, daß derselbe sogar durch seine Verbindung mit den Russen, die schon damals an dem Rheine erschienen, einigen Artikeln seiner Kapitulation zuwider gehandelt habe, so findet er doch auf dieser Seite die Gefahr so groß nicht; der letzte Krieg, meint er, habe die Schwäche des kaiserlichen Hofes offenbart; in dem Stolze und der Gewaltsamkeit mit denen derselbe seine Plane durchzusetzen suche, liege ein Heilmittel gegen sie. Hüten wir uns dagegen, ruft er aus, vielmehr vor denen, die durch geheime Kunstgriffe, durch einschmeichelnde Manieren und eine erdichtete Güte uns in die Sklaverei zu bringen suchen. Er findet, daß Kardinal Fleury, damals Premierminister von Frankreich, obwohl er die Miene außerordentlicher Mäßigung annehme, dessenungeachtet und zwar gerade unter diesem Scheine die Pläne eines Richelieu und Mazarin verfolge. Durch anscheinende Großmut schläfere er seine Nachbarn ein; er leihe gleichsam seinen sanften und ruhigen Charakter für die Politik sei-

* Considérations sur l'état présent du corps politique de l'Europe. 1736. Œuvres posthumes de Fréderic II.

nes Hofes her. Mit wie viel Klugheit, ohne Aufsehen und Lärm, habe er Lothringen an Frankreich zu bringen gewußt; – um die erwünschte Rheingrenze zu erobern, woran nicht gar viel fehle, erwarte er nur die Verwirrungen, die der Tod des Kaisers unfehlbar nach sich ziehen müsse.

Im Jahre 1740 starb Karl VI. Kardinal Fleury ließ sich sogar noch zu kühnern Schritten fortreißen als man ihm zugetraut hatte. Er sagte gerade heraus, er wolle den Gemahl der Maria Theresia nicht zum Nachfolger ihres Vaters, weil derselbe schlecht französisch gesinnt sei*, er vor allen war es, der Karl VII von Baiern die deutsche Krone verschaffte; er faßte den Plan in Deutschland vier ungefähr gleich mächtige Staaten neben einander zu errichten: das Haus Östreich ziemlich auf Ungarn einzuschränken, Böhmen dagegen an Baiern, Mähren und Oberschlesien an Sachsen zu bringen, Preußen mit Niederschlesien zu befriedigen; wie leicht hätte über vier solche Staaten, die sich ihrer Natur nach niemals mit einander verstanden haben würden, Frankreich dann eine immerwährende Oberhoheit behauptet**.

Preußen

In diesem Augenblicke augenscheinlicher, wahrer Gefahr des deutschen Vaterlandes, das damals weder mächtige Staaten hatte, noch durch Taten ausgezeichnete Männer, noch ein ausgesprochenes festes Nationalge-

* Ein venezianischer Ambassadeur erzählt dies. ** Histoire de mon temps. T. I, Ch. IV, p. 197.

fühl, – keine Literatur, keine Kunst und eigene Bildung, die es dem Übergewichte der Nachbarn hätte entgegensetzen können, trat Friedrich II auf, erhob sich Preußen.

Es ist hier nicht der Ort weder den Fürsten zu schildern, noch den Staat den er fand, den er bildete; auch möchten wir es uns nicht so leicht getrauen die ursprüngliche Kraft des einen und des andern und die Fülle des Daseins die sie entfalteten darzustellen; suchen wir uns nur ihre Weltstellung zu vergegenwärtigen.

Dann müssen wir allerdings zugestehen, daß die erste Bewegung Friedrichs von der Richtung welche die französische Politik gleich nach dem Tode Karls VI einschlug, unterstützt wurde. Allein sollte er sich viel weiter mit derselben einlassen? Er selber ist es, der als Kronprinz und noch entfernt von eigentlichen Geschäften jene Betrachtungen, von denen ich eben eine Idee zu geben suchte, aufgesetzt hatte; sie sind, wie man sieht ganz wider die französische Politik gerichtet. Die Gefahr welche von dieser Seite her über Deutschland schwebte, sah er so deutlich, empfand er so lebhaft als irgend möglich. Eben deshalb aber hatte er seinen Krieg ganz auf eigene Hand unternommen; er wollte nie, daß der Erfolg seiner Waffen den Franzosen förderlich würde. Mit welchem Ernst erklärte er ihrem Gesandten, er sei ein deutscher Fürst, er werde ihre Truppen nicht länger auf deutschem Boden dulden, als das Wort der Verträge besage*. In dem Spätjahre 1741 hätte es nicht so unmöglich scheinen sollen, Östreich völlig herabzubringen. Böhmen und Oberöstreich waren nicht viel minder in feindlichen

* Valori: Mémoires sur mes négociations à la Cour de Prusse. I, 153.

Händen als Schlesien; Wien war so gut bedroht wie Prag; wenn man diese Angriffe mit angestrengten Kräften fortgesetzt hätte, wer will sagen, wozu es hätte kommen können? Ich will es Friedrich nicht als Großmut anrechnen, daß er diesen letzten Schritt vermied; er wußte am besten, daß es sein Vorteil nicht gewesen wäre, Frankreich des alten Gegners zu entledigen. Als er die Königin von Ungarn am Rande des Verderbens sah, wollte er sie Atem schöpfen lassen; er sagt es selbst*; mit Bewußtsein hielt er inne und ging seinen Stillstand ein. Sein Sinn war, weder von Frankreich noch von Östreich abzuhangen; völlig frei wollte er sich fühlen und zwischen ihnen eine unabhängige, auf eigene Kraft gegründete Stellung einnehmen. In diesem einfachen Vorhaben liegt der Aufschluß für seine Politik während der schlesischen Kriege. Nie ward eine Erwerbung mit eifersüchtigerer Wachsamkeit behauptet als die seinige. Er mißtraut den Freunden nicht minder als den Feinden; immer hält er

* Ajoutons à ceci, puisqu'il faut tout dire, que si le Roi avoit secondé avec trop de chaleur les opérations des troupes françoises, leur fortune excessive l'auroit subjugué; d'allié il seroit devenu sujet; on l'auroit entrainé au-delà de ses vues, et il se seroit trouvé dans la nécessité de consentir à toutes les volontés de la France, faute d'y pouvoir resister ou de trouver des alliés qui pussent l'aider à sortir de cet esclavage. La prudence sembloit donc exiger du Roi une conduite mitigée par laquelle il établit une sorte d'équilibre entre les maisons d'Autriche et de Bourbon. La reine de Hongrie étoit au bord du précipice; une trève lui donnoit le moyen de respirer. Coxe, der die Depeschen von Robinson und Hyndford vor sich hatte, stimmt damit überein. The house of Austria, sagt er bei diesem Stillstand, was saved by the very hand, from which it had received the first wound (History of the house of Austria, tom. IV, p. 443.) Mich wundert nur, daß die neuern Lebensbeschreiber Friedrichs auf die wichtigen Erläuterungen die Coxe mitteilt, so gar keine Rücksicht genommen haben, selbst Lord Dover nicht.

sich gerüstet und schlagfertig; sobald er sich im Nachteil glaubt, sobald er die Gefahr nur von ferne kommen sieht, greift er zu den Waffen; so wie er im Vorteil ist, so wie er den Sieg erfochten hat, bietet er die Hand zum Frieden. Wenn es sich versteht, daß es ihm nicht beikommen konnte sich einem fremden Interesse zu widmen, so hat er doch auch sein eigenes ohne Übertreibung, ohne Selbstverblendung vor Augen; nie sind seine Forderungen übermäßig; nur das Nächste bezwecken sie; dabei aber will er bis zum äußersten festhalten.

Indessen konnte wohl diese so unerwartet emporgekommene Unabhängigkeit, die eine kühne und trotzige Stellung einnahm, nicht anders als das Mißfallen, die Feindseligkeit der Nachbarn erregen.

Man begreift es, wenn Maria Theresia den Verlust einer reichen Provinz nicht sogleich verschmerzen konnte, und die Erhebung eines so glücklichen und geschickten Nebenbuhlers im Reiche mit Mißbehagen ansah. Aber auch in das nördliche System griff das Ansehen von Preußen bedeutend ein; daß es einen übrigens sehr unschuldigen Traktat zur Behauptung des Gleichgewichts im Norden mit Schweden und Frankreich eingegangen*, erweckte ihm den ganzen Haß einiger russischen Minister, die ihre Suprematie im Norden bedroht glaubten. Billig hätte der König um so mehr eine Stütze an Frankreich finden sollen. Aber daß er nicht wie Schweden zu regieren war, daß er sich erdreistete eine freie selbstständige Politik zu befolgen, zog ihm den Unwillen auch des Hofes von Versailles zu; obwohl dieser Hof sehr gut sah, was es auf sich habe, so beschloß er doch sein ganzes

* Histoire de la guerre de sept ans I, 44.

System zu ändern, und sich nunmehr an Östreich anzuschließen. Die öffentliche Meinung stimmte in einer jener plötzlichen Aufwallungen, die ihr besonders in Frankreich so eigen sind, dem Traktate freudig bei*. So gelang es der Kaiserin die beiden großen Kontinentalmächte mit sich zu vereinigen; minder Mächtige, die Nachbarn in Sachsen, Pommern gesellten sich zu ihnen; es war ein Bund im Werke, nicht viel anders als wie er nach Karls VI Tode wider Östreich geschlossen worden war, und durch die Teilnahme von Rußland sogar noch stärker: von einer Teilung der preußischen Staaten war nicht minder die Rede, als früher von einer Teilung der östreichischen, und nur über der See fand Friedrich Verbündete; – die nämlichen, die es damals mit Östreich gehalten hatten.

Im Besitze einer trotz der neuen Erwerbung doch nur sehr mäßigen, diesem Bunde gegenüber unbedeutenden Macht sollte er fähig sein, sollte er es nur wagen den Kampf mit demselben zu bestehen?

Er hatte wie bekannt, den Wiener Hof um eine kategorische Erklärung über dessen Rüstungen ersucht. Wenn sie nur einigermaßen genugtuend ausfällt, sagte er einem seiner Minister, so marschieren wir nicht. Endlich kam der erwartete Kurier. Es fehlte viel daß die Antwort ausreichend gewesen wäre. »Das Los ist geworfen«, sagte er, »morgen marschieren wir**!«

So stürzte er sich mutig in diese Gefahr; er suchte sie

* Duclos Histoire des causes de la guerre de 1756 in den Mémoires secrets II, 461. Düclos billigt doch selbst den Vertrag Friedrichs mit England: »il pouvoit raisonnablement craindre de se voir écrasé entre tant de puissances.« ** Ich will doch auch hiefür ausdrücklich meinen Gewährsmann nennen. Es ist Valori, Mémoires I, 308.

auf; er rief sie fast selbst hervor; aber erst mitten darin lernte er sie völlig kennen.

Wenn jemals ein Ereignis auf einer großen Persönlichkeit beruht hat, so ist es das Ereignis des siebenjährigen Krieges.

Die Kriege unserer Zeit pflegen durch wenige entscheidende Schläge zu Ende gebracht zu werden; frühere dauerten länger, doch stritt man mehr über Forderungen und Ansprüche, als über die Summe der Existenz, über das Sein oder Nichtsein der Staaten selbst. Der siebenjährige Krieg unterscheidet sich dadurch, daß bei so langer Dauer doch jeden Augenblick die Existenz von Preußen auf dem Spiele stand. Bei dem Zustande der Dinge, der allgemeinen Feindseligkeit bedurfte es nur eines einzigen unglücklichen Tages, um diese Wirkung hervorzubringen. Vollkommen fühlte dies Friedrich selbst. Nach der Niederlage von Collin rief er aus: es ist unser Pultawa! und wenn sich ihm dies Wort glücklicher Weise nicht erfüllt hat, so ist doch wahr, daß er sich seitdem von Moment zu Moment vom Untergange bedroht sah.

Ich will nicht berühren, welche Hülfsquellen ihm in einer so verzweifelten Lage sein militärisches Genie, die Tapferkeit seiner Truppen, die Treue seiner Untertanen oder zufällige Umstände dargeboten haben. Die Hauptsache ist, daß er sich moralisch aufrecht erhielt.

Nur zu leichten Geistesübungen, zu flüchtiger Poesie, zu akademischen Arbeiten hatte ihn die französische Philosophie angeleitet; eher zum Genuß des Lebens so lange es dauert, schien sie ihn einzuladen, als zu so gewaltigen Anstrengungen. Aber wir dürfen sagen, daß der wahre

Genius selbst von der irrigen Lehre unverletzt bleibt. Er ist sich seine eigene Regel; er ruht auf seiner eigenen Wahrheit: es gehört nur dazu, daß ihm diese zum Bewußtsein komme; dafür sorgt dann das Leben, die Anstrengung einer großen Unternehmung; das Unglück macht ihn reif.

Ein großer Feldherr war Friedrich II längst; die Unfälle die er erlitt, machten ihn zum Helden. Der Widerstand den er leistete, war nicht allein militärisch; es war zugleich ein innerer, moralischer, geistiger; der König führte diesen Krieg fortwährend in Überlegung der letzten Gründe der Dinge, in großartiger Anschauung der Vergänglichkeit alles irdischen Wesens.

Ich will seine Gedichte nicht als ausgezeichnete Werke poetischer Kraft rühmen; in solcher Hinsicht mögen sie manche Mängel haben; aber diejenigen wenigstens, welche während der Wechselfälle dieses Krieges entstanden sind, haben einen großartigen Schwung einfacher Gedanken; sie enthüllen uns die Bewegungen einer männlichen Seele, in Bedrängnis, Kampf und Gefahr. Er sieht sich »mitten im tobenden Meer; der Blitz streift durch das Ungewitter; der Donner, sagt er, entladet sich über mein Haupt; von Klippen bin ich umgeben; die Herzen der Steuernden sind erstarrt; die Quelle des Glücks ist ausgetrocknet, die Palme verschwunden, der Lorbeer verwelkt.« Zuweilen mag er wohl in den Predigten des Bourdaloue einen Anhalt, eine Stärkung gesucht haben*; häufiger wendete er sich zu der Philosophie der Alten. – Jedoch das dritte Buch des Lucrez, das er so oft studiert

* Retzow, Charakteristik der wichtigsten Ereignisse des siebenjährigen Krieges I, 363.

hat, sagte ihm nur, daß das Übel notwendig und kein Heilmittel dagegen möglich sei. Er war ein Mann, dem selbst aus dieser harten, verzweiflungsvollen Lehre erhabene Gedanken hervorgingen. Dem Tode, den er sich oft gewünscht auf dem Schlachtfelde gefunden zu haben, sah er auch auf eine andere Weise ohne Scheu geradezu ins Auge. Wie er seine Feinde gern mit den Triumvirn verglich, so rief er die Manen des Cato und des Brutus auf und war entschlossen, ihrem Beispiel zu folgen. Doch war er nicht ganz in dem Falle dieser Römer. Sie waren in den Gang eines allgemeinen Weltgeschickes verflochten – Rom war die Welt* – ohne andern Rückhalt, als die Bedeutung ihrer Person und der Idee für die sie sich schlugen; er aber hatte ein eigenes Vaterland zu vertreten und zu verfechten. Wenn irgend ein besonderer Gedanke auf ihn gewirkt hat, so würden wir sagen, daß es dieser Gedanke an sein Land, an sein Vaterland gewesen ist. Wer schildert ihn uns nach der Kunersdorfer Schlacht, wie er den Umfang seines Unglücks und die Hoffnungslosigkeit seines Zustandes ermaß, wie er bei dem Haß und dem Glücke seiner Feinde Alles für verloren hielt, wie er dann für sein Heer und sein Land nur einen einzigen Ausweg sah, und den Entschluß faßte, diesen zu ergreifen, sich aufzuopfern**; – bis sich ihm denn doch allmählich die Möglichkeit eines erneuten Widerstandes zeigte, und er sich dieser fast hoffnungslosen Pflicht aufs neue widmete. Unmöglich konnte er sein

* Οἰκουμένης δῆμος. ** Instruction vohr den General Finck in Preuß Lebensgeschichte Friedrichs des Großen II, 215, wohl das außerordentlichste Dokument, das in dieser Sammlung von Merkwürdigkeiten enthalten ist.

Land, wie er es so lange sehen mußte, zurücklassen: »von den Feinden überschwemmt, seiner Ehre beraubt, ohne Hülfsquellen, in lauter Gefahr;« dir, sagt er, »will ich die Reste meines unheilvollen Lebens widmen; ich will mich nicht in fruchtlosen Sorgen verzehren; ich werfe mich wieder in das Feld der Gefahr. Setzen wir uns, ruft er dann seinen Truppen zu, dem Geschick entgegen; mutig auf wider so viele, mit einander verschworene, vor Stolz und Vermessenheit trunkene Feinde*! So hielt er aus. Endlich erlebte er doch den Tag des Friedens. Die Standhaftigkeit sagt er am Schluß seiner Geschichte dieses Krieges, ist es allein, was in den großen Geschäften aus Gefahren zu erretten vermag. Ungeschmälert behauptete er sein Land, und von dem Moment, daß er sich wieder den Herrn desselben wußte, ließ er seine vornehmste, seine einzige Sorge sein, die Wunden zu heilen, die der Krieg ihm geschlagen.

Wenn es als der Begriff einer großen Macht aufgestellt werden könnte, daß sie sich wider alle anderen, selbst zusammen genommen, zu halten vermögen müsse, so hatte Friedrich Preußen zu diesem Range erhoben. Seit den Zeiten der sächsischen Kaiser und Heinrichs des Löwen zum ersten Male sah man im nördlichen Deutschland eine selbstständige, keines Bundes bedürftige, auf sich selber angewiesene, Macht.

Es erfolgte daß Frankreich von dem an in deutschen Angelegenheiten wenig oder nichts vermochte. Mit einer Opposition wie es sie in dem östreichischen Erbfolgekriege erweckt oder begünstigt hatte, war es völlig vor-

* Epitre au Marquis d'Argens 8. Nov. 1761. Ode aux Germains 29. Mai 1760. Œuvres posthumes VII.

bei. Hatte Preußen sich emanzipiert, so hatten Baiern und Sachsen sich wieder an Östreich angeschlossen.

Auch war sobald an keine Erneuerung dieses Verhältnisses zu denken; Frankreich selbst hatte sie dadurch verhindert, daß es in jene enge und genaue Allianz mit Östreich getreten war, die den siebenjährigen Krieg herbeiführte. Ich will nicht untersuchen, in wie fern dieses Bündnis alle die anderen Folgen gehabt hat, welche die Franzosen, wenigstens nicht ohne Übertreibung, ihm zuschreiben; aber gewiß ist, daß Frankreich seine bisherige Stellung, kraft deren es die deutsche Opposition begünstigt hatte, hierdurch selber aufgab, daß »von diesem Augenblicke an« wie sie sagen »der König von Preußen zum Nachteil ihrer Suprematie auf dem Kontinent der Beschützer der deutschen Freiheiten wurde*.« Man glaube nicht, daß Östreich den Franzosen ihren alten Einfluß gestattet habe. Noch als Koregent und von allem Anfang ließ Joseph II erklären, »er halte die Rechte der kaiserlichen Krone für heilig; er bitte sich aus, daß man ihm nicht daran rühre, wenn man mit ihm gut stehen wolle.« Es war schon damals zu erkennen, daß der wahre Schutz der politischen Unabhängigkeit von Deutschland in einer freien und gründlichen Vereinigung dieser beiden Mächte gegen das Ausland bestehe**.

Diese große Veränderung bekam jedoch erst dadurch

* Tableau politique de l'Europe ch. VI, bei Soulavie, Mémoires du règne Louis XVI. Tom. III, p. 289 wörtlich. ** Unter andern bemerkt dies schon Favier, Conjectures raisonnées in der Politique de tous les cabinets I, p. 252. Von dem Einverständnis beider Höfe fürchtete er alles. Dès lors la France, déjà devenue une puissance secondaire relativement à l'empire, deviendroit étrangère et nulle dans les affaires d'Allemagne.

ihre volle Bedeutung, daß zugleich eine innere Befreiung der Nation von den französischen Vorbildern und ihrer falschen Nachahmung erfolgte. Ich will nicht sagen, daß sich unsre Nation nicht auch bisher geistiger Unabhängigkeit in einem gewissen Grade erfreut hätte. Am meisten lag dieselbe wohl in der Ausbildung des theologischen Systems, welches alle Geister ergriffen hatte und in der Hauptsache ursprünglich deutsch war. Allein einmal war es doch nur ein Teil der Nation dem es angehörte, sodann in welch seltsame, scholastische Form fand sich hier die reine, ideale, innerliche Erkenntnis der Religion eingezwängt! Man kann die Tätigkeit und den teilweisen Erfolg nicht verkennen, mit denen in manchen andern Wissenschaften gearbeitet wurde; aber sie hatten sich alle der nämlichen Form unterwerfen müssen; in verwickelten Lehrgebäuden, für die Überlieferung des Katheders, selten für eigentlich geistiges Verständnis geeignet, breiteten sie sich aus; die Universitäten beherrschten nicht ohne Beschränktheit und Zwang die allgemeine Bildung. Um so leichter geschah es, daß die oberen Klassen der Gesellschaft allmählich davon minder berührt wurden, und sich, wie gedacht, von französischen Richtungen hinreißen ließen. Seit der Mitte des Jahrhunderts aber begann eine neue Entwickelung des nationalen Geistes. Wir dürfen nicht vergessen, daß diese doch sehr von jenem Standpunkt ausging, obwohl sie in einem gewissen Gegensatz mit demselben begriffen war. Unbefriedigt, zwar noch festgehalten, aber nicht mehr so beschränkt von dem dogmatischen Systeme, erhob sich der deutsche Geist zu einer poetischen Ergänzung desselben; die Religion ward endlich einmal wieder, und zwar, worauf alles ankommt, ohne Schwärmerei, in ihren menschlichen Beziehungen dem Gemüte nahe gebracht. In kühnen Versuchen ermannte sich die Philosophie zu einer neuen Erörterung des obersten Grundes aller Erkenntnis. Neben einander, an demselben Orte, wesentlich verschieden, aber nahe verwandt, traten die beiden Richtungen der deutschen Philosophie hervor, welche seitdem, die eine mehr anschauend, die andere mehr untersuchend, sich neben und mit einander ausgebildet, sich angezogen und abgestoßen, aber nur zusammen die Fülle eines originalen Bewußtseins ausgedrückt haben. Kritik und Altertumskunde durchbrachen die Masse der Gelehrsamkeit und drangen bis zu lebendiger Anschauung hindurch. Mit Einem Schlage dazu erweckt, von seiner Gründlichkeit und Reife unterstützt, entwickelte dann der Geist der Nation selbstständig und frei versuchend eine poetische Literatur durch die er eine umfassende, neue, obwohl noch in manchem innern Konflikt begriffene, doch im Ganzen übereinstimmende Weltansicht ausbildete und sich selber gegenüber stellte. Diese Literatur hatte dann die unschätzbare Eigenschaft, daß sie nicht mehr auf einen Teil der Nation beschränkt blieb, sondern sie ganz umfaßte, ja ihrer Einheit zuerst wieder eigentlich bewußt machte. Wenn nicht immer neue Generationen großer Poeten auf die alten folgen, so darf man sich nicht so sehr darüber wundern. Die großen Versuche sind gemacht und gelungen; es ist im Grunde gesagt, was man zu sagen hatte, und der wahre Geist verschmäht es, auf befahrenen, bequemen Wegen einherzuschreiten. Doch ist das Werk des deutschen Genius noch lange nicht vollendet; die positive Wissenschaft zu durchdringen, zu regenerieren ist er mit Anstrengung beschäftigt. Allerdings hat er hier mit manchem Hindernis zu kämpfen das ihm aus dem Gange seiner eigenen Bildung, oder seinen alten Gegensätzen entsprungen ist, doch dürfen wir hoffen, daß er durchaus zu seinem eigenen Verständnis gelangen und alsdann zu unablässig neuer Hervorbringung fähig sein werde.

Jedoch ich halte inne, denn von der Politik wollte ich reden. Obschon diese Dinge auf das genaueste zusammen gehören, und die wahre Politik nur von einem großen nationalen Dasein getragen werden kann. So viel ist wohl gewiß, daß zu dem Selbstgefühl, von welchem dieser Schwung der Geister begleitet war, keine andere Erscheinung so viel beigetragen hat, wie das Leben und der Ruhm Friedrichs II. Es gehört dazu, daß eine Nation sich selbstständig fühle, wenn sie sich frei entwickeln soll; und nie hat eine Literatur geblüht ohne durch die großen Momente der Historie vorbereitet gewesen zu sein. Aber seltsam war es, daß Friedrich selbst davon nichts wußte, kaum etwas ahnete. Er arbeitete an der Befreiung der Nation; die deutsche Literatur mit ihm; doch kannte er seine Verbündeten nicht. Sie kannten ihn wohl. Es machte die Deutschen stolz und kühn, daß ein Held aus ihnen hervorgegangen war.

Es war, wie wir sahen, ein Bedürfnis des siebzehnten Jahrhunderts Frankreich einzuschränken. Auf welche alle Erwartung übersteigende Weise war dies jetzt geschehen! Man kann im Grunde nicht sagen daß sich ein künstlich verwickeltes politisches System hierzu gebildet habe; was man so nennt, waren die Formen; das Wesen bestand darin, daß sich große Staaten aus eigener

Kraft erhoben, daß neue nationale Selbstständigkeiten in ursprünglicher Macht den Schauplatz der Welt eingenommen hatten. Östreich, katholisch-deutsch, militärisch-stabil, in sich selbst voll frischer, unversiegbarer Lebenskräfte, reich, eine für sich abgeschlossene Welt. Das griechisch-slawische Prinzip trat in Rußland mächtiger hervor, als es jemals in der Weltgeschichte geschehen; die europäischen Formen die es annahm, waren weit entfernt dies ursprüngliche Element zu erdrücken; sie durchdrangen es vielmehr, belebten es und riefen seine Kraft erst hervor. Wenn sich dann in England die germanisch-maritimen Interessen zu einer kolossalen Weltmacht entwickelten, die alle Meere beherrschte, vor der alle Erinnerungen früherer Seemächte zurücktraten, so fanden die deutsch-protestantischen den Anhalt, den sie lange gesucht, ihre Darstellung und ihren Ausdruck in Preußen. »Wenn man das Geheimnis auch wüßte«, sagt ein Dichter, »wer hätte den Mut es auszusprechen.« Ich will mich nicht vermessen den Charakter dieser Staaten in Worte zu fassen; doch sehn wir deutlich daß sie auf Prinzipien gegründet sind, die aus den verschiedenen großen Entwickelungen früherer Jahrhunderte hervorgegangen waren, daß sie sich diesen analog in ursprünglichen Verschiedenheiten und mit abweichenden Verfassungen ausbildeten; daß sie großen Forderungen entsprachen, die von der Natur der Dinge an die lebenden Geschlechter geschahen. In ihrem Aufkommen, ihrer Ausbildung, welche wie sich versteht, nicht ohne mannigfaltige Umgestaltung innerer Verhältnisse erfolgen konnte, liegt das große Ereignis der hundert Jahre, die dem Ausbruch der französischen Revolution vorhergingen.

Hatte jenes Ereignis aber eine so unzweifelhaft für sich selber gültige Bedeutung, so ist doch nicht zu leugnen, daß eine Beschränkung von Frankreich damit erreicht war und daß dies Land die Erfolge der andern als seine Verluste ansehen durfte. Auch war es ihnen immer lebhaft entgegengetreten. Wie oft suchte es früher die Fortschritte von Östreich in Ungarn und gegen die Türken aufzuhalten; wie oft mußten dann die besten Regimenter von der Donau, wo sie gegen die Türken standen, an den Rhein und wider die Franzosen abgerufen werden! Rußland hatte seinen Einfluß im Norden der französischen Politik abgewonnen. Als das Kabinett von Versailles inne wurde, welche Stellung Preußen in der Welt einnahm und zu behaupten suchte, vergaß es seine amerikanischen Interessen, um diese Macht ich sage nicht herabzubringen, sondern geradehin zu vernichten. Wie oft hatten die Franzosen die Jakobiten zu begünstigen, etwa einen Stuart nach England zu werfen, die alten Verhältnisse wieder herzustellen unternommen. Dafür bekamen sie denn auch, mochten sie mit Preußen wider Östreich, oder mit Östreich wider Preußen stehn, alle Mal die Engländer zu Gegnern. Sie führten ihre Kriege auf dem festen Lande mit Verlusten zur See. Während des siebenjährigen verloren sie, wie Chatam sagte, Amerika in Deutschland.

Und so stand Frankreich allerdings bei weitem nicht mehr so entschieden als der Mittelpunkt der europäischen Welt da, wie hundert Jahre früher. Es mußte die Teilung von Polen vor seinen Augen vollziehen lassen, ohne darum gefragt zu werden. Es mußte, was es tief empfand, gestatten, daß im Jahre 1772 eine englische Fregatte an der Reede von Toulon erschien, um über die stipulierte Entwaffnung der Flotte zu wachen. Selbst die kleinern unabhängigen Staaten, wie Portugal, die Schweiz, hatten anderen Einwirkungen Raum gegeben.

Zwar ist sogleich zu bemerken, daß das Übel nicht so schlimm war, wie man es oft vorgestellt hat; Frankreich behauptete doch seinen alten Einfluß auf die Türkei; durch den Familienvertrag hatte es Spanien an seine Politik gekettet; die spanischen Flotten, die Reichtümer der spanischen Kolonien standen zu seiner Verfügung; auch die übrigen bourbonischen Höfe, zu denen sich der Turiner beinahe mit rechnete, schlossen sich an Frankreich an; die französische Faktion siegte endlich in Schweden*. Allein einer Nation, die sich mehr als jede andere in dem Schimmer einer allgemeinen Superiorität gefällt, war dies lange nicht genug. Sie fühlte nur den Verlust von Ansprüchen, die sie als Rechte betrachtete; sie bemerkte nur was die Andern erobert, nicht was sie behauptet hatte; mit Unwillen sah sie so gewaltige, starke, wohlgegründete Mächte sich gegenüber, denen sie nicht gewachsen war.

Man hat so viel von den Ursachen der Revolution geredet, und sie wohl auch da gesucht, wo sie nimmermehr zu finden sind. Eine der wichtigsten liegt meines Erach-

* Fr. Gentz, von dem politischen Zustande vor und nach der französischen Revolution, weiset die Übertreibungen der französischen Klagen mit großem Talent zurück; doch scheint er mir den wirklichen und unleugbaren Verfall ihrer Verhältnisse nicht genugsam zu entwikkeln.

tens in diesem Wechsel der auswärtigen Verhältnisse, der die Regierung in tiefen Mißkredit gebracht hatte. Es ist wahr, sie wußte weder den Staat recht zu verwalten, noch den Krieg gehörig zu führen; sie hatte die gefährlichsten Mißbräuche überhand nehmen lassen; und der Verfall ihres europäischen Ansehens war daher großenteils mit entsprungen. Aber die Franzosen schrieben ihrer Regierung auch alles das zu, was doch nur ein Werk der veränderten Weltstellung war. Sie lebten in der Erinnerung der goldenen Zeiten Ludwigs XIV, und alle die Wirkungen die daher rührten, daß sich andere Staaten mit frischen Kräften erhoben hatten, die sich einen Einfluß, wie man ihn früherhin ausgeübt, nicht mehr gefallen ließen, gaben sie der Unfähigkeit ihrer auswärtigen Politik, und dem allerdings unleugbaren Verfall ihrer innern Zustände Schuld.

Daher kam es daß die Bewegungen von Frankreich, wenn sie auf der einen Seite einen reformatorischen Charakter hatten, der sich nur zu bald in einen revolutionären umsetzte, doch auch von allem Anfang eine Richtung gegen das Ausland nahmen.

Gleich der amerikanische Krieg entwickelte diese Doppelseitigkeit. Wenn man es nicht wüßte, so könnte man aus den Memoiren von Segur sehen, aus welcher sonderbaren Mischung von Kriegslust und angeblicher Philosophie die Teilnahme der Jugend unter dem vornehmern französischen Adel daran herkam. »Die Freiheit«, sagt Segur, »stellte sich uns dar mit den Reizen des Ruhms. Während die Reiferen die Gelegenheit wahrnahmen ihre Grundsätze geltend zu machen, und die willkürliche Gewalt zu beschränken; traten wir Jüngeren nur darum unter die Fahnen der Philosophie um Krieg zu führen, um uns auszuzeichnen, um Ehrenstellen zu erwerben; aus ritterlicher Gesinnung wurden wir Philosophen*.« Diese Jüngern wurden das doch allmählich sehr im Ernst. Sonderbare Mischung. Indem sie England angriffen, und ihren Ehrgeiz sein ließen es zu schwächen, es seiner Kolonien zu berauben, war es doch besonders die Unabhängigkeit eines englischen Pairs, die würdige Stellung eines Mitgliedes des Hauses der Gemeinen, was sie zu erlangen gewünscht hätten.

Dieser amerikanische Krieg wurde nun entscheidend. Nicht so sehr durch eine Veränderung der allgemeinen Machtverhältnisse – denn wenn man die englischen Kolonien von dem Mutterland losriß, so zeigte sich doch bald, daß dieses in sich selber so wohlbegründet war um das nicht sehr zu empfinden; wenn man die französische Marine wieder zu einem gewissen Ansehen erhob, so hatte England doch in den entscheidenden Schlachten den Sieg davon getragen, und die Übermacht über seine vereinigten Nebenbuhler behauptet; – als durch die indirekten Wirkungen, die er hervorbrachte.

Ich meine nicht allein das Emporkommen der republikanischen Neigungen, es gab noch eine unmittelbarere Folge.

Mit großem Ernste hatte sich Türgot dem Kriege widersetzt; nur in dem Frieden hoffte er die Finanzen, welche schon damals ein Defizit drückte, durch eine sparsame Haushaltung herzustellen, und zugleich die erforderlichen Reformen durchzusetzen**. Allein er hatte

* Mémoires et souvenirs, T. I, 137. ** Mr. Turgot étoit vendu à l'Angleterre, sagte der Düc de Richelieu, il n'étoit pas vendu pour de

dem Strome der jugendlichen Begeisterung weichen müssen. Der Krieg war erklärt und mit überschwenglichen Kosten geführt worden. Necker hatte mit dem ganzen Talent eines Bankiers, das er in so hohem Grade besaß, neue Anleihen zu machen gewußt. Je höher sie aber aufliefen, desto mehr mußten sie das Defizit steigern. Schon im Jahre 1780 erklärte Vergennes dem König, der Zustand der Finanzen sei wahrhaft beunruhigend; er mache den Frieden, einen unverweilten Frieden notwendig*. Indessen verzögerte sich der Friede noch, und erst nach dem Abschluß desselben ward man die Verwirrung recht inne. Man nimmt auch hier einen auffallenden Gegensatz wahr. Nicht minder erschöpft und mit Schulden beladen ging England aus dem amerikanischen Kriege hervor. Aber während Pitt in England das Übel an der Wurzel angriff, und das Vertrauen durch große Maßregeln wiederherstellte, gerieten die französischen Finanzen aus schwachen Händen in immer schwächere, unversuchtere und zugleich keckere, so daß das Übel von Monat zu Monat stieg, und die Regierung wie in ihrer Konsistenz bedrohte, so um ihr ganzes Ansehen brachte.

Wie sehr wirkte dies auf die auswärtigen Verhältnisse zurück! Man hatte keine Wahl mehr; um jeden Preis mußte man den Krieg vermeiden. Lieber kaufte man z. B. die Forderungen, welche Östreich an Holland machte, durch eine Summe ab, zu der man trotz der schlechten Umstände in denen man war, selber die Hälfte beitrug; wäre es auf Frankreich allein angekommen, so würde

l'argent. * »La paix et la paix la plus prompte.« Auszug aus dem Schreiben bei Flassan VII, 364.

der Kaiser nicht gehindert worden sein, seine Absichten auf Baiern durchzusetzen. So enge sich die französische Regierung mit den sogenannten Patrioten von Holland vereinigt hatte, so mußte sie dieselben ruhig von Preußen überziehen, überwinden lassen. Sie kann darüber meines Erachtens nicht einmal sehr getadelt werden. Was wollte sie in dem Juli 1787, als die preußische Erklärung gegen Holland erschien, unternehmen, um die Ausführung derselben zu verhindern, da eben damals die Parlamente sich weigerten, die neuen Auflagen zu registrieren, ohne die man den Staat nicht weiter verwalten konnte, da bald darauf in jener berühmten Sitzung am 15. August die Grand'-chambre ihre Türen eröffnen ließ, und der versammelten Menge erklärte, der König könne in Zukunft keine neuen Auflagen erheben, ohne zuvor die allgemeinen Stände zusammen berufen zu haben. In einem Augenblick, wo der ganze bisherige innere Zustand in Frage gestellt wurde, konnte man schwerlich Einfluß auf das Ausland ausüben. Und doch war dies ein sehr bedeutender Zeitpunkt. Eben damals entschlossen sich die beiden Kaiserhöfe zu ihrem Angriff auf die Türkei*. Die Franzosen waren nicht im Stande ihren alten Verbündeten Hülfe zu leisten, und wenn diese nicht untergehn wollten, so mußten sie Hülfe bei England und Preußen nachsuchen.

Allerdings eine Unbedeutendheit, Nichtigkeit der auswärtigen Politik von Frankreich, die weder den natürlichen Ansprüchen dieses Landes angemessen war, noch auch den Interessen von Europa überhaupt ent-

* Ein Schreiben Josephs an Kaunitz Juni 1787 in den Briefen Josephs II; S. 106.

sprach. Kam sie, wie nicht zu leugnen, von der innern Verwirrung her, so wurde diese hinwiederum dadurch außerordentlich vermehrt. Die Politik des Erzbischofs von Brienne erfuhr den heftigsten und allgemeinsten Tadel. Er ward der Feigheit und selbst der Treulosigkeit angeklagt, weil er Holland nicht unterstützt und diese Gelegenheit den militärischen Ruf der Franzosen auch zu Lande wiederherzustellen versäumt habe; man fand die französische Ehre hierdurch auf eine Weise beschimpft, daß sie nur durch Ströme von Blut wieder rein gewaschen werden könne*.

Wie übertrieben das nun auch lautet, so kann man doch das Gefühl nicht tadeln, das dieser Unzufriedenheit zum Grunde lag. Das National-Bewußtsein eines großen Volkes fordert eine angemessene Stellung in Europa. Die auswärtigen Verhältnisse bilden ein Reich nicht der Konvenienz, sondern der wesentlichen Macht; und das Ansehen eines Staates wird immer dem Grade entsprechen, auf welchem die Entwickelung seiner inneren Kräfte steht. Eine jede Nation wird es empfinden, wenn sie sich nicht an der ihr gebührenden Stelle erblickt; wie viel mehr die französische, die so oft den sonderbaren Anspruch erhoben hat, vorzugsweise die große Nation zu sein.

Ich will nicht auf die Mannigfaltigkeit der Ursachen eingehen, durch welche es zu der furchtbaren Entwickelung der französischen Revolution kam. So viel scheint mir gewiß, daß der Verfall der auswärtigen Verhältnisse einen großen Anteil daran hatte. Man braucht sich nur zu

* Ich führe nur Levis: portraits etc. 109 an. Man sehe das Gespräch das er mit dem Erzbischof hielt.

erinnern welche Rolle eine östreichische Prinzessin, die unglückliche Königin, auf die man den ganzen Haß sammelte, den diese Nation seit so langer Zeit dem Hause Östreich gewidmet hatte, dabei spielte, welche unselige Auftritte das Trugbild eines östreichischen Ausschusses veranlaßt hat. Nicht genug, daß die Franzosen sahen, sie hatten den alten Einfluß auf die Nachbarn verloren; sie überredeten sich sogar, daß das Ausland geheimen und starken Einfluß auf ihren Staat ausübe; in allen Maßregeln der innern Verwaltung glaubten sie denselben wahrzunehmen; eben dies entflammte dann die allgemeine Entrüstung, die Gärung und Wut der Menge.

Halten wir an diesem Gesichtspunkt der auswärtigen Verhältnisse fest, so können wir von der Revolution folgende Ansicht fassen.

Allenthalben hatte man, um zur Ausbildung einer größern Macht zu gelangen, die nationalen Kräfte auf eine ungewohnte Weise zusammen genommen, dazu hatte man viele Hindernisse die in den innern Verhältnissen lagen, wegräumen müssen, und nicht selten die alten Berechtigungen angetastet; es war dies in den verschiedenen Ländern bald mit größerm bald mit geringerm Bedacht und Erfolg geschehen; ein sehr unterrichtendes, lebensvolles Buch müßte es geben, wenn man darzustellen wüßte, wie dies allenthalben versucht wurde, mehr oder minder gelang, wohin es führte; endlich unternahm man es auch in Frankreich. Es ist so viel auf die absolute Gewalt früherer französischer Könige gescholten worden; die Wahrheit ist, daß sich dieselbe zwar noch in einigen Willkürlichkeiten äußerte, in der Hauptsache dagegen ungemein verfallen war. Als die Regierung jenen

Versuch machte war sie schon zu schwach, um ihn durchzusetzen; sie machte ihn auch mit unsichern Händen; den Widerstand der privilegierten Stände vermochte sie nicht zu besiegen; hierüber rief sie den dritten Stand, – die Gewalt der demokratischen Ideen die sich schon der öffentlichen Meinung zu bemächtigen angefangen, rief sie zu Hülfe. Ein Bundesgenosse aber, der ihr bei weitem zu stark war. Indem sie schwankte, so wie sie seine Kräfte erkannte, die Bahn verließ, die sie eingeschlagen, zu Denen zurücktrat, welche sie angreifen wollte, eben Die beleidigte, die sie zu Hülfe gerufen hatte, forderte sie alle politischen Leidenschaften heraus, setzte sich mit den Überzeugungen und der Richtung des Jahrhunderts, ja mit ihrer eigenen Tendenz in Kampf, und brachte eine Bewegung hervor, in welcher der dritte Stand, oder vielmehr das in demselben und um ihn her entwickelte Element der Empörung in gigantischem Fortschritt nicht allein die privilegierten Stände, die Aristokratie, sondern König und Thron selber umstürzte, und den ganzen alten Staat vernichtete.

Ein Unternehmen, wie es zwar keinesweges alle, aber doch einige andere Regierungen stark gemacht und befestigt hatte, riß dergestalt durch die Entwickelung die es nahm, durch die Folgen die es hatte, die französische in ihr Verderben.

Nur wenn man hie und da glaubte, daß in diesem großen Ruin die Macht und äußere Bedeutung von Frankreich vollends zu Grunde gehn müßte, so hatte man sich geirrt. So stark waren die Tendenzen zur Herstellung der alten Macht, daß sie selbst unter so furchtbaren Umständen nicht allein nicht aus den Augen verloren, sondern auf eine Weise wie sie noch nie dagewesen, über die Analogie anderer Staaten weit hinaus durchgesetzt wurden. Waren anderwärts die bestehenden mittleren Gewalten in ihrer Unabhängigkeit beschränkt, zu größerm Anteil an den allgemeinen Anstrengungen genötigt worden, so wurden sie hier geradehin vernichtet. Adel und Geistlichkeit wurden nicht allein ihrer Vorrechte, sondern im Laufe der Ereignisse selbst ihrer Besitztümer beraubt; welch eine Konfiskation im größten Styl, in der ungeheuersten Ausdehnung! Wie kehrten sich die Ideen, die Europa als heilbringend, menschlich, befreiend begrüßt hatte, vor seinen Augen plötzlich in den Greuel der Verwüstung um. Das vulkanische Feuer, von dem man eine nährende, belebende Erwärmung des Bodens erwartet hatte, ergoß sich in furchtbaren Ausbrüchen über denselben hin. Mitten in dieser Zertrümmerung aber ließen die Franzosen das Prinzip der Einheit doch niemals fallen. Um wie viel mächtiger als bisher erschien eben in der Verwirrung der Revolutionsjahre Frankreich den europäischen Staaten gegenüber. Man kann sagen: jene gewaltige Explosion aller Kräfte setzte sich nach außen fort. Zwischen dem alten und dem neuen Frankreich war dasselbe Verhältnis, wie zwischen der zwar lebhaften und von Natur tapfern aber an das Hofleben gewöhnten, mit einem oft kleinlichen Ehrgeiz behafteten, feinen, wollüstigen Aristokratie, die den alten Staat leitete, und den wilden, gewaltsamen, von wenig Gedanken berauschten, blutbefleckten Jakobinern, die den neuen beherrschten. Da vermöge des bisherigen Ganges der Dinge zwar nicht ganz eine gleiche Aristokratie wie jene, aber doch eine ähnliche an der Spitze der übrigen Staaten stand, so war es kein Wunder, wenn die Jakobiner in jener wilden Anspannung aller Kräfte das Übergewicht an sich brachten. Es bedurfte nur des ersten durch ein Zusammentreffen unerwarteter Umstände davon getragenen Sieges, um den revolutionären Enthusiasmus zu erwecken, der hierauf die Nation ergriff und eine Zeitlang das Prinzip ihres Lebens wurde.

Nun kann man zwar nicht sagen, daß Frankreich hierdurch an und für sich stärker geworden sei, als die übrigen großen Mächte zusammengenommen, oder auch nur als seine nächsten Nachbarn, wenn sie sich vereinigt hielten. Man kennt hinlänglich die Fehler der Politik und der Kriegführung, die einen für diese so ungünstigen Erfolg hervorbrachten. Sie konnten sich ihrer bisherigen Eifersucht nicht sogleich entwöhnen. Selbst die einseitige Koalition von 1799 hatte Italien zu befreien und eine sehr gewaltige militärische Stellung einzunehmen gewußt, als ein unglücklicher Zwiespalt sie trennte. Allein geleugnet werden kann es nicht, daß der französische Staat mitten im Kampfe mit Europa gebildet, auf denselben berechnet, durch die Zentralisation aller Kräfte, die er möglich machte, den einzelnen Kontinentalmächten überlegen wurde. Indem es immer das Ansehn gehabt als suche man dort die Freiheit, war man von Revolution zu Revolution Schritt für Schritt zu dem Militärdespotismus gelangt, der die Ausbildung des bisherigen militärischen Systems, so groß sie auch war, weit überbot. Der glückliche General setzte sich die Kaiserkrone auf; alle disponiblen Kräfte der Nation hatte er jeden Augenblick ins Feld zu werfen die Macht. Auf diesem Wege kehrte dann Frankreich zu seinem Übergewichte zurück. Es gelang ihm England von dem Kontinent auszuschließen, in wiederholten Kriegen Östreich seiner ältesten Provinzen in Deutschland und Italien zu berauben; das Heer und die Monarchie Friedrichs II umzuwerfen; Rußland selbst zur Fügsamkeit zu nötigen, und endlich in die innern Provinzen bis zu der alten Hauptstadt desselben vorzudringen. Es bedurfte für ihn nur des Kampfes mit diesen Mächten, um zugleich über das südliche und mittlere Europa, einen großen Teil von Deutschland nicht ausgeschlossen, eine unmittelbare Herrschaft zu gründen. Wie war hiedurch alles was zu Ludwigs XIV Zeiten geschehen, so weit übertroffen. Wie war die alte Freiheit von Europa so tief gebeugt! Europa schien in Frankreich untergehn zu wollen. Jene Universalmonarchie von der man sonst nur die entfernte Gefahr gesehen, war beinahe realisiert!

Wiederherstellung

Sollten aber die energischen Gewalten, welche in den großen Mächten hervorgetreten waren, so mit Einem Mal erstickt und vernichtet sein?

Der Krieg, sagt Heraklit, ist der Vater der Dinge. Aus dem Zusammentreffen entgegengesetzter Kräfte, in den großen Momenten der Gefahr – Unglück, Erhebung, Rettung – gehen die neuen Entwickelungen am entschiedensten hervor.

Frankreich war nur dadurch zu seiner Übermacht gelangt, daß es mitten in seiner wilden Bewegung das Gemeingefühl der Nation lebhafter als je zu erhalten, die nationalen Kräfte in einer so ungemeinen Ausdehnung zu dem einzigen Zweck des Krieges anzustrengen gewußt hatte.

Wollte man ihm widerstehen oder je diese Übermacht noch einmal zu brechen die Hoffnung fassen dürfen, so war da nicht mit Mitteln auszureichen, wie sie bisher genügt hatten; selbst eine Verbesserung der Militärverfassung allein hätte noch nicht geholfen; es gehörte eine gründlichere Erneuerung dazu, um alle Kräfte zusammen zu nehmen, in deren Besitz man sein mochte; man mußte sich entschließen jene schlummernden Geister der Nationen, von denen bisher das Leben mehr unbewußt getragen worden, zu selbstbewußter Tätigkeit aufzuwecken.

Es müßte eine herrliche Arbeit sein, dieser Verjüngung des nationalen Geistes in dem ganzen Umfange der europäischen Völker und Staaten nachzuspüren, die Ereignisse zu bemerken die ihn wieder erweckten, die Zeichen, die seine erste Erhebung ankündigten, die Mannigfaltigkeit der Bewegungen und Institutionen in denen er sich allenthalben aussprach, die Taten endlich in denen er siegreich hervortrat. Doch ist dies ein so weit aussehendes Unternehmen, daß wir es hier auch nicht einmal berühren könnten.

Gewiß ist, daß man erst dann mit einiger Aussicht auf Erfolg zu streiten anfing – 1809 – als man hierin der Forderung des Weltgeschickes ein Genüge zu leisten begann. Als in wohlgeordneten Reichen ganze Einwohnerschaften ihre althergebrachten Wohnsitze, an die sie selbst die Religion knüpfte, verließen und sie den Flammen Preis gaben, – als große Bevölkerungen, von jeher an ein friedlich bürgerliches Leben gewöhnt, Mann bei Mann zu den Waffen griffen, – als man zugleich des ererbten Haders endlich wirklich vergaß und sich ernstlich vereinigte – erst da, nicht eher gelang es, den Feind zu schlagen, die alte Freiheit herzustellen und Frankreich in seine Grenzen einzuschließen, den übergetretenen Strom in sein Bette zurückzutreiben.

Wenn es das Ereignis der letzten hundert Jahre vor der französischen Revolution war, daß die großen Staaten sich erhoben um die Unabhängigkeit von Europa zu verfechten; so ist es das Ereignis der seitdem verflossenen Periode daß die Nationalitäten selbst sich verjüngt, erfrischt und neu entwickelt haben. Sie sind in den Staat mit Bewußtsein eingetreten, er würde ohne sie nicht bestehen können.

Man ist fast allgemein der Ansicht: unsre Zeit habe nur die Tendenz, die Kraft der Auflösung. Ihre Bedeutung sei eben nur daß sie den zusammenhaltenden, fesselnden Institutionen die aus dem Mittelalter übrig, ein Ende mache; dahin schreite sie mit der Sicherheit eines eingepflanzten Triebes vorwärts; das sei das Resultat aller großen Ereignisse, Entdeckungen, der gesamten Kultur; eben daher komme aber auch die unwiderstehliche Hinneigung die sie zu demokratischen Ideen und Einrichtungen entwickele; und diese bringe dann alle die großen Veränderungen, deren Zeuge wir sind, mit Notwendigkeit hervor. Es sei eine allgemeine Bewegung, in der Frankreich den andern Ländern vorangehe. Eine Meinung die freilich nur zu den traurigsten Aussichten führen kann*. Wir denken indes daß sie sich gegen

* So eben sind diese wieder in dem Werke De l'origine et des progrès de

die Wahrheit der Tatsachen nicht zu halten vermögen wird.

Weit entfernt, sich bloß in Verneinungen zu gefallen, hat unser Jahrhundert die positivsten Ergebnisse hervorgebracht; es hat eine große Befreiung vollzogen, aber nicht so durchaus im Sinne der Auflösung; vielmehr diente ihr dieselbe, aufzubauen, zusammenzuhalten. Nicht genug daß es die großen Mächte allererst ins Leben gerufen, es hat auch das Prinzip aller Staaten, Religion und Recht, es hat das Prinzip eines jeden insbesondere lebendig erneuert.

Eben darin liegt das Charakteristische unserer Tage.

In den meisten Epochen der Welthistorie sind es religiöse Verbindungen gewesen, was die Völker zusammen gehalten hat. Doch hat es zuweilen auch andere gegeben, die man mit der unsern eher vergleichen kann, in denen mehrere größere durch ein politisches System verknüpfte Königreiche und freie Staaten neben einander bestanden. Ich will nur die Periode der macedonisch-

l'esprit révolutionnaire, par un ancien ministre du Roi de France (La Haye 1833) ausgesprochen. Man höre wie dieser Minister sein Werk schließt: Toutefois il pourra rester une ressource: La France abondera de plus en plus de population et d'activité; qu'on rouvre la barrière des combats, la belliqueuse nation s'y élancera avec son ardeur accoutumée, et après avoir tout bouleversé, par les armes et par la contagion, le spectacle de tant de ruines, son désastreux ouvrage, pourra opérer sur elle une complette guérison, que généreuse, elle se hâtera de communiquer aux autres peuples .... à moins que les temps ne soient arrivés où notre vieille Europe doit subir, dans le torrent des âges, le sort des nations les plus célèbres de l'Afrique et de l'Asie, dont il ne reste plus que des souvenirs et des débris. Wahrhaftig eine trostlose Aussicht! Aber sie rührt von der Verwechselung der französischen Verhältnisse mit den Zuständen anderer Staaten her, was der Grundirrtum der entgegengesetzten politischen Parteien ist.

griechischen Königreiche nach Alexander erwähnen. Sie bietet manche Ähnlichkeit mit der unsrigen dar. Eine sehr weit gediehene gemeinschaftliche Kultur, militärische Ausbildung, Wirkung und Gegenwirkung verwikkelter auswärtiger Verhältnisse; große Bedeutung der Handelsinteressen, der Finanzen, Wetteifer der Industrie, Blüte der exakten, mit der Mathematik zusammenhangenden Wissenschaften. Allein jene Staaten, hervorgegangen aus der Unternehmung eines Eroberers und der Entzweiung seiner Nachfolger, hatten keine besonderen Prinzipien ihres Daseins weder gehabt noch sich auszubilden vermocht. Auf Soldaten und Geld beruhten sie. Eben darum wurden sie auch so bald aufgelöst, verschwanden sie zuletzt völlig. Man hat oft gefragt, wie Rom sie so rasch, so vollkommen bezwingen konnte. Es geschah darum, weil Rom, wenigstens so lange es Feinde von Bedeutung hatte, mit bewunderungswürdiger Strenge an seinem Prinzipe festhielt. Auch bei uns schien es wohl als sei nur noch der Umfang der Besitzungen, die Macht der Truppen, die Größe des Schatzes und ein gewisser Anteil an der allgemeinen Kultur für den Staat von Wert. Wenn es je Ereignisse gegeben hat, geeignet einen solchen Irrtum zu zertrümmern, so sind es die Ereignisse unserer Zeit gewesen. Sie haben die Bedeutung der moralischen Kraft, der Nationalität für den Staat endlich einmal wieder zur Anschauung in das allgemeine Bewußtsein gebracht. Was wäre aus unsern Staaten geworden, hätten sie nicht neues Leben aus dem nationalen Prinzip empfangen, auf das sie gegründet waren. Es wird sich keiner überreden, er könne ohne dasselbe bestehn.

Und so sage man denn nicht, daß doch durch jene Veränderungen, die sich allenthalben ereignet, alle Staaten mehr oder minder einander gleich geworden, daß sie auf derselben Stufe wie der französische befindlich seien; daß zuletzt allen drohe was dieser erfahren habe. Es ist, wenn ich nicht irre, deutlich, daß Frankreich viel wirksamer gewesen durch den Gegensatz, den es hervorgerufen, als durch die Nachahmung, die es veranlaßt hat. Wie will man doch den Unterschied verkennen, der zwischen der Umwälzung in Frankreich und den Veränderungen in andern Staaten obwaltet. Dort hat sich die Empörung, nachdem sie den Sieg erfochten, auch zum Herrn gemacht; eben darum hat ihr Staat niemals zur Konsistenz kommen können, weil dies Prinzip an seinem Ursprung haftet. Nun sind aber die Resultate der Revolution von der Restauration niemals in ihrem Wesen angetastet worden, ja sie haben sich vielmehr unter der Ägide derselben konsolidiert und mit der legitimen Dynastie in fortwährendem Widerspruch erhalten. In den übrigen Ländern aber ist die oberste Gewalt im Bunde mit den größeren Freiheiten die sie gewährt; ihre Stellung selbst ist dadurch unabhängiger und kräftiger geworden. Man lasse sich doch nicht durch einen flüchtigen Schein täuschen, der so oft wiederkommt. In der Mitte des achtzehnten Jahrhunderts schienen die europäischen Fürsten mit der französischen Philosophie im Bunde zu sein. Es beruhte dies auf manchen andern Gründen, doch war es auch darum natürlich, weil diese Richtung die Opposition einer Regierung machte, welche noch immer das Übergewicht in Europa in Anspruch nahm. Darum weil Friedrich II die französischen Philosophen bei sich aufnahm, sie beschützte, ihre Meinungen teilte, fiel es ihm doch nicht ein, auch seinen Staat nach ihren Theorien einzurichten; ihren praktischen Tendenzen hat er sich immer lebhaft widersetzt. In dem revolutionierten Staat bilden dagegen die Theorien der Gazette und der Quotidienne und die Interessen welche sie verfechten, die Opposition. Es ist sehr natürlich daß sie in dem übrigen Europa Anklang finden. Allein daß die Staaten nach diesen Ansichten eingerichtet, umgewandelt werden sollten, ist deshalb nicht zu erwarten. Der Stabilität der erblichen Aristokratie des alten Frankreichs setzte man allerdings eine größere freiere Bewegung; der unaufhörlichen wilden Bewegung des modernen setzt man eine größere Stabilität entgegen; aber nichts desto minder geht doch die Entwickelung der Staaten ihren eigenen Gang und folgt ihrem eigenen Prinzip.

Wenn nun der revolutionäre Geist, der sich im Jahre 1830 in Frankreich so plötzlich wieder erhob, nach allen Seiten um sich gegriffen und alle seine Analogien, wie er sie während des allgemeinen Umsturzes sich selbst geschaffen, neuerdings belebt, an sich gezogen hat, und in tausend Versuchen Europa zu revolutionieren hervorgetreten ist, so ist doch schwerlich zu fürchten, daß seine Bewegung nochmals eine allgemeine Umkehr hervorzubringen fähig sein werde.

Zwar wäre für die unvertilgbare französische Anmaßung, die Welt zu regieren, der revolutionäre Geist kein verächtlicher Bundesgenosse; auf allen Punkten der ehemaligen französischen Übermacht hat er sich gewaltig geregt, und auf die Weltstellung des Augenblicks doch einen bedeutenden Einfluß gehabt. Aber einmal findet er notwendiger Weise in sich selber seinen Widerstand; mit dem revolutionären Geiste allein kann kein Staat haushalten, sein Ursprung sei auch welcher er wolle, er kann ihn sich nicht über den Kopf wachsen lassen. Sodann aber brauchen wir nur zu betrachten, welche Wirkung aus seinen ersten Angriffen hervorgegangen ist. Hat er nicht wieder dazu dienen müssen, eine Nationalität zu erwecken, zu beleben, an deren Dasein man kaum glaubte? Dies Holland, das dem vorigen Anfalle der französischen Revolution so völlig unterlag, das darauf eine wenig bedeutende Provinz des Kaiserreichs bildete, wie hat es sich jetzt in dem Gefühle seines alten Ruhmes, seiner unvertilgbaren Bestimmung so mutig erhoben, so wacker gehalten!

Allerdings ist das nicht ohne eine außerordentliche Festigkeit der Regierung und eine große freisinnige Hingebung der Nation, ohne eine Verschmelzung der beiderseitigen Interessen geschehen; aber eben dies gehört dazu, um Widerstand zu leisten; mit der Negation ist es nicht getan; Kraft muß man der Kraft entgegensetzen.

Nicht ein solch zufälliges Durcheinanderstürmen, Übereinanderherfallen, Nacheinanderfolgen der Staaten und Völker bietet die Weltgeschichte dar, wie es beim ersten Blicke wohl aussieht. Auch ist die oft so zweifelhafte Förderung der Kultur nicht ihr einziger Inhalt. Es sind Kräfte und zwar geistige, Leben hervorbringende, schöpferische Kräfte, selber Leben, es sind moralische Energien, die wir in ihrer Entwickelung erblicken. Zu definieren, unter Abstraktionen zu bringen sind sie nicht; aber anschauen, wahrnehmen kann man sie; ein Mitgefühl ihres Daseins kann man sich erzeugen.

Sie blühen auf, nehmen die Welt ein, treten heraus in dem mannigfaltigsten Ausdruck, bestreiten, beschränken, überwältigen einander; in ihrer Wechselwirkung und Aufeinanderfolge, in ihrem Leben und Vergehen, in ihrer Wiederbelebung, die dann immer größere Fülle, höhere Bedeutung, weitern Umfang in sich schließt, liegt das Geheimnis der Weltgeschichte.

Sind wir nun von einer geistigen Gewalt angegriffen, so müssen wir ihr geistige Kräfte entgegensetzen. Dem Übergewichte, das eine andere Nation über uns zu bekommen droht, können wir nur durch die Entwickelung unsrer eigenen Nationalität begegnen. Ich meine nicht einer erdachten, chimärischen, sondern der wesentlichen, vorhandenen, in dem Staate ausgesprochenen Nationalität.

Wie aber, wird man mir erwidern, ist nicht die Welt gerade in der Ausbildung einer immer engern Gemeinschaft begriffen? Würde nicht diese Richtung, die sie genommen, durch den Gegensatz der Völker und Volkstümlichkeiten, der Staaten und ihrer Prinzipien gehindert, eingeengt werden?

Es verhält sich damit, wenn ich mich nicht täusche, wie mit der Literatur. Nicht damals hat man von einer Weltliteratur geredet, als die französische Europa beherrschte; erst seitdem ist diese Idee gefaßt, ausgesprochen und verbreitet worden seit die meisten Hauptvölker von Europa ihre eigene Literatur selbstständig und oft genug im Gegensatz mit einander entwickelt haben. Ist es mir erlaubt, ein kleines Verhältnis mit den großen zu vergleichen, so möchte ich daran erinnern, daß nicht diejenige Gesellschaft Genuß und Förderung gewährt, wo

Einer das Wort führt und die Unterhaltung leitet, noch auch die, wo Alle auf gleicher Stufe, oder wenn man will in gleicher Mittelmäßigkeit, nur immer dasselbe sagen. Da erst fühlt man sich wohl, wo sich mannigfaltige Eigentümlichkeiten, in sich selber rein ausgebildet, in einem höhern Gemeinsamen begegnen, ja wo sie dies, indem sie einander lebendig berühren und ergänzen, in dem Momente hervorbringen. Es würde nur eine leidige Langeweile geben, wenn die verschiedenen Literaturen ihre Eigentümlichkeit vermischen, verschmelzen sollten. Nein! die Verbindung aller beruht auf der Selbstständigkeit einer jeden. Auf das lebendigste und immerfort können sie einander berühren, ohne daß doch eine die andere übermeistere und in ihrem Wesen beeinträchtige.

Nicht anders verhält es sich mit den Staaten, den Nationen. Entschiedenes positives Vorwalten einer einzigen würde den andern zum Verderben gereichen. Eine Vermischung aller würde das Wesen einer jeden vernichten. Aus Sonderung und reiner Ausbildung wird die wahre Harmonie hervorgehen.

Politisches Gespräch

Friedrich: So glänzend kommst du zu mir, in der Staatsratsuniform, sogar mit deinen ausländischen Orden?

Carl: Ich wette, du hast nicht einmal die Wagen vorbeirollen hören; wolltest du aber zwei Schritte mit mir gehen, so würde ich dir die hellerleuchteten Fenster zeigen, von denen ich herkomme. Sie strahlen über die ganze Straße daher.

Friedrich: Und aus alle dem Glanze stiehlst du dich in die Einsamkeit dieser Studierstube?

Carl: Um meinem benediktinischen Bruder guten Abend zu wünschen. Nachdem man Welt gesehen, sucht man auch einen Menschen auf; nachdem man Konversation geführt, will man auch eines Gespräches genießen.

Friedrich: Ich kann mir den Unterschied, den du da machst, schon gefallen lassen; sei mir desto herzlicher willkommen!

Carl: Du glaubst ja ohnehin nicht, daß es mich befriedigen könnte, mich unter alle den Herrschaften zu bewegen, die mancherlei Meinungen und Notizen, die einen Salon beherrschen, mit der Nuance der meinigen zu versetzen.

Friedrich: Du redest, wie die meisten Weltkinder reden, von Byron an; du fühlst dich ermüdet, abgespannt.

Carl: Welt und Konversation geben doch nur eine Berührung im Elemente des Allgemeinen, an der Oberfläche des Geistes: man sieht Menschen, welche die Gunst der Umstände oder die Geburt auf die Höhe der Gesellschaft gehoben; man hört von den Dingen, auf welche der Augenblick die Aufmerksamkeit gelenkt hat; es ist eine Gemeinschaft der flüchtigsten Art, die sich unaufhörlich verwandelt und dabei doch Jahr aus Jahr ein die nämliche bleibt. Es gibt Leute, die darin ihre Befriedigung sehen; mir ist dieses abwechselnde Einerlei etwas drückend.

Friedrich: Gleichwohl wirst du es nicht völlig entbehren wollen. Es müssen in der vornehmen Gesellschaft doch zugleich die Interessen der Welt, durch welche sie wirklich in Bewegung gesetzt wird, wäre es auch nur flüchtig und, wie du sagst, an der Oberfläche, zu Tage kommen. Es muß euch interessant sein, sie hervortauchen, immer stärker werden, zur Herrschaft gelangen, wieder verschwinden zu sehen. Wovon sprach man heute vorzüglich?

Carl: Mein Gott, es wiederholt sich die Zeitung, wie ein Jeder sie auffaßt: Spannung zwischen England und Rußland; Portfolio; Rückgabe von Silistria; die Reise der französischen Prinzen; Alibaud; die geringe Aufmerksamkeit, welche man heutzutage den Kammerverhandlungen widmet; Eisenbahnen und Perkussionsgewehre; Krieg und Friede: mit einem Worte alles, was du willst.

Friedrich: Aber einige Gesichtspunkte, einige Meinungen walteten vor?

Carl: Nach den verschiedenen Ständen. Den jungen Offizieren leuchten die Augen bei dem bloßen Gedanken an Krieg, ohne daß sie viel danach fragen sollten, gegen wen es gehe; – sie ergreifen die Feindseligkeiten des Portfolio; – sie glauben, man wolle es in England ernstlich zum Bruche bringen; – sie zweifeln nicht, daß das Feuer dann unverzüglich das übrige Europa und die Welt ergreifen werde.

Friedrich: Was wäre es auch für eine Armee, die den Krieg nicht von Herzen herbeiwünschte: Tätigkeit, Geltung, Avancement? Ich verdenke es Keinem.

Carl: Es ist nur sonderbar, daß man niemals gewaltiger und allgemeiner gerüstet war als jetzt, und daß man niemals längeren Frieden hatte.

Friedrich: Das bedingt sich nun wohl. Der Krieg wurde sonst mit dem Überschuß der Kräfte geführt, mit den Leuten, die man entbehren konnte, mit dem Gelde, das sich entweder im Schatze fand oder doch ohne allzu große Anstrengung aufzubringen war; jetzt schlagen die Nationen, bewaffnet wie sie sind, beinahe Mann bei Mann, mit aller ihrer Kraft; die Kosten der ersten Ausrüstung schon sind unerschwinglich; zu einem Kampfe auf Leben und Tod müßte man sich gefaßt machen; kein Wunder, daß man sich ein wenig besinnt. – Aber du wolltest noch von einer anderen Meinung reden.

Carl: Die Administration dagegen sieht mit Vergnügen den langen Frieden kommen. Man hört auf, den Gegensatz der absoluten und konstitutionellen Monarchien zu fürchten, der die Aussicht alle die Jahre daher bewölkte und so gefährlich schien. Justemilieu, das sich so lange ruhig halten mußte, schöpft wieder Atem. Man hofft, Alles werde die Unmöglichkeit einsehen, in den Extremen zu regieren.

Friedrich: Und zu dieser Meinung, dünkt mich, wirst auch du dich halten.

Carl: Wie könnte ich anders? Darf sich die Politik der unaufhörlichen Bewegung der popularen oder den retardierenden Prinzipien der aristokratischen Tendenzen ergeben? Und muß man nicht in ihrem Kampfe eine Stellung zwischen ihnen ergreifen, schon darum, um ihnen nicht dienstbar zu werden und sich nicht durch ihren Impuls von dem, was man will, zu dem, was man nicht will, fortreißen zu lassen?

Friedrich: Sehr weise.

Carl: Und sehr notwendig. Wo wäre auch ein Staat, der sich nicht in der Notwendigkeit sähe, diesen Ausweg zu ergreifen? Man hätte glauben sollen, nach der letzten französischen Revolution würden Bewegung und Liberalismus ein unwiderstehliches Übergewicht davontragen; aber die aus dem Umsturz hervorgegangene Regierung selbst sah sich nach wenig Tagen gezwungen, sich in den Widerstand zu werfen, und es liegt vor Augen, welche Rückwirkung dies, wie auf das gesamte Europa, so besonders auf unser konstitutionelles Deutschland ausgeübt hat. Die Whigs schiffen zwischen Radikalismus und konservativen Prinzipien: sie mögen jenen noch so sehr zu begünstigen scheinen, so haben sie diese nicht aufgegeben.

Friedrich: Glaubst du in der Tat, daß sich auf solche Weise regieren läßt?

Carl: Wärst du nicht dieser Meinung?

Friedrich: Ich befinde mich in dem besonderen Falle, dir im Ganzen beizustimmen und dabei doch widersprechen zu müssen.

Carl: Was kannst du aber dagegen sagen? Erkläre mir deine Meinung!

Friedrich: Hast du auch Neigung, indem du aus einer heiteren Gesellschaft kommst, geduldig auf die Erörterung einer sehr ernsten Frage einzugehen? Denn tiefer, als du denkst, möchten wir fortgezogen werden.

Carl: Wie sollte ich nicht: auf diese Weise gelangen wir ja allein von der Konversation zum Gespräch, von dem Abgemachten zu dem Suchen und Finden.

Friedrich: Antworte mir denn zunächst auf eine Frage: hast du wohl je bestätigt gefunden, was so häufig ausgesprochen wird, die Wahrheit liege in der Mitte?

Carl: Ich habe wenigstens immer bemerkt, daß sie nicht in den Extremen zu suchen ist.

Friedrich: Aus den Extremen aber wirst du nicht auf die Wahrheit schließen können. Die Wahrheit liegt überhaupt außer dem Bereiche des Irrtums. Aus allen Gestalten des Irrtums zusammengenommen könntest du sie nicht abstrahieren: sie will gefunden sein, angeschaut, an und für sich, in ihrem eigenen Kreise. Aus allen Ketzereien der Welt könntest du nicht entnehmen, was das Christentum ist; du mußt das Evangelium lesen, um es kennen zu lernen. Ja, wir dürfen behaupten, aus allem Lob und Tadel der Welt wird sich noch kein gesundes Urteil bilden lassen, so gewissenhaft du auch die Mitte zwischen beiden aufsuchen magst.

Carl: Ich will deinen Satz fürs erste gelten lassen; was hat das aber mit dem Justemilieu zu schaffen?

Friedrich: Auch in dem Staat nimmst du Extreme der Meinung wahr. Ich gebe dir zu, daß sie die rechte nicht enthalten mögen; wer sagt dir aber, daß diese in der Mitte liegt?

Carl: Der Staat ist keine Doktrin. Die Parteien verteidigen nicht bloß Meinungen: sie selbst sind Kräfte, Gewalten, die einander gegenüberstehen, einander bekämpfen, sich aus der Stelle treiben, wie wir ja täglich wahrnehmen.

Friedrich: Und zwischen denen nun, meinst du, soll die Regierung das Gleichgewicht erhalten?

Carl: Ja wohl. Regieren ist Führen, Lenken.

Friedrich: Ich frage dich aber, wie sie das vermag? Wo nimmt sie die Kraft dazu her?

Carl: Es gibt in unserer Zeit keine Verfassung, welche der Regierung, auch einer beschränkten, nicht ein bedeutendes Maß von Macht zugestünde.

Friedrich: Erlaub mir! Macht an sich tut es nicht; sie ist ein Instrument, bei dem es erst darauf ankommt, wozu man es braucht, ob man es überhaupt zu brauchen versteht. Deine Regierung würde keine Bedeutung in sich selbst haben.

Carl: Wie so das? Hat es keine Bedeutung, den Kampf zu verhüten, das allgemeine Beste zu befördern? – Höre mich an! – Wie wir auch Staat und Gesellschaft definieren mögen, so bleibt immer ein Gegensatz zwischen Obrigkeit und Untertan, zwischen der Masse der Regierten und der kleinen Zahl der Regierenden. Die Dinge mögen nun stehen, wie sie wollen, so wird sich allemal finden, daß zuletzt das Interesse der großen Zahl überwiegt, der Regierende sich auf eine oder die andere Weise unterordnet. In der Masse aber wird es immer Entzweiungen geben, verschiedene Parteien, was wir nicht eben allemal als Desorganisation betrachten dürfen; es ist häufig nur eine Lebensform, bei welcher das allgemeine Wohl recht gut gedeiht. Was kann da die Regierung Besseres tun, als daß sie die Übermacht der einen und der anderen oder ein gefährliches Zusammentreffen beider vermeidet?

Friedrich: Du entschlüpfst mir damit nicht. Auf diese Weise wird die Welt den Parteien gehören; in ihnen wird das Leben liegen, die Regierung wird nur der Punkt der Indifferenz sein; eben dies kann ich dir nicht zugeben.

Carl: Und warum nicht?

Friedrich: Du wirst mir zugestehen, und es liegt in deinen Worten, daß die Parteien, von denen du redest, geistige Kräfte repräsentieren, nicht allein ein gewisses Maß von Macht.

Carl: Ohne Zweifel Kräfte und Tendenzen.

Friedrich: Muß nicht die Regierung, um diese Kräfte zu bekämpfen, in Zaum zu halten, selber eine stärkere geistige Kraft sein? Du schreibst ihr eine Handlung zu: was ist das Agens, das Wirksame? Mit dem bloßen guten Willen der Vermittelung wirst du es nicht ausrichten. Eine Wesenheit, ein Selbst mußt du haben.

Carl: Wie dem auch sei, so viel bleibt immer wahr, daß die Regierung die Mitte zwischen den Parteien wird behaupten müssen.

Friedrich: Eben hier liegt unsere Übereinstimmung und unsere Differenz. Es gibt, deucht mich, eine doppelte Vorstellung von Justemilieu. Nach der einen ist es eigentlich negativer Art: da machen die Parteien den Staat aus; die herrschende Gewalt ist nur beflissen, keiner Unrecht zu tun, sich zwischen ihnen zu halten. Das schien mir deine Vorstellung zu sein. Nach der anderen aber ist es vielmehr positiv: es stößt allerdings die Parteien, die Extreme von sich aus, aber nur darum, weil es seinen eigenen positiven Inhalt hat, seine natürliche eigentümliche Tendenz, die es vor allem durchsetzen muß.

Carl: In sofern hast du freilich Recht, daß diese Frage uns tiefer führen wird. Es ist das Wesen des Staates überhaupt, zu dem unser Gespräch – und ich gestehe, zu meiner Genugtuung – sich wendet. Schon öfter habe ich empfunden, daß du dir darüber eine von der meinen abweichende Vorstellung gebildet hast. Wenn dich nichts abhält, so stehe mir heute ausführlicher Rede. Was verstehst du unter dem positiven geistigen Inhalt des Staates? Gehen sie nicht alle von demselben Anfang aus? Haben sie nicht alle die nämlichen Pflichten? Ist ihre Verschiedenheit nicht zufälliger Art?

Friedrich: In der Tat, alle diese Fragen, die du zu bejahen scheinst, beantworte ich mit einem entschlossenen Nein. Wenn wir uns verstehen wollen, müssen wir allerdings einen Schritt weiter gehen.

Kennst du das kleine Buch, das da auf dem Tische liegt?

Carl: Les deux derniers chapitres de ma philosophie de la guerre. Von wem?

Friedrich: Lies auch den innern Titel.

Carl: Ah! von Chambray, dem fleißigen und einsichtsvollen Geschichtschreiber des Feldzuges in Rußland. Auch den Inhalt gibt sogleich der Titel an: Chap. IX. Des institutions militaires dans leurs rapports avec les institutions politiques et avec les institutions civiles. Schon ein glücklicher Gedanke! – Ich wäre begierig, zu erfahren, wohin seine Meinung geht.

Friedrich: Er findet, daß die militärischen Einrichtungen mit innerer Notwendigkeit dem Zustande der Gesellschaft, der bürgerlichen Verfassung entsprechen.

Carl: Führe mir ein Beispiel an.

Friedrich: Die englische Armee entspricht dem unreformierten Parlament. Die Aristokratie, welche beide Häuser erfüllte, votierte jährlich die Existenz derselben; wie es das Interesse der Aristokratie war – denn sie machte ja im Grunde den Staat aus –, die bestehende Ordnung der Dinge zu erhalten, so hatte sie in Folge einiger eigentümlicher Einrichtungen die Offizierstellen eingenommen und hat sie noch behauptet. Unteroffiziere und Gemeine dagegen werden angeworben; durch bessere Löhnung und sorgfältigere Pflege, als irgend eine andere europäische Truppe genießt, wie sie aber der Zustand der Nation fordert und möglich macht, werden sie bei gutem Willen und zugleich durch die strengste Zucht, durch die härtesten Strafen in Unterordnung gehalten.

Carl: Daraus scheint sich zu ergeben, daß, wenn die Verfassung fernere Abänderungen erfährt, solche auch in der Armee nicht ausbleiben werden.

Friedrich: Ich zweifle nicht, sowie die Abänderungen nur noch tiefer eingreifen.

Carl: Auch leitet sich der Gegensatz daher ab, in welchem die englische mit der preußischen Armee steht.

Friedrich: Auch in Preußen findet der Autor militärische und bürgerliche Institutionen in vollkommener Übereinstimmung; die allgemeine Dienstpflicht mit der individuellen Freiheit und der Teilung des Eigentums; die Einrichtung der Landwehr mit den munizipalen Berechtigungen; die Bevorzugung der gebildeten Klassen beim einjährigen Dienst mit der Stellung, welche diese überhaupt einnehmen. Daß der Unteroffizier Aussicht auf Versorgung habe, knüpfe ihn um so enger an den

Staat. »Ein Land«, ruft er aus, »welches eine Miliz hat, wie die Landwehr, und Institutionen, wie die Städteordnung, besitzt die Freiheit in der Tat«.

Carl: Wie waren es zwei so durchaus verschiedene Armeen, welche Napoleon bei Waterloo überwanden, von nahe verwandten Nationen, aber nach verschiedenen inneren Motiven gebildet, die eine angeworben, wohlverpflegt, ausharrend, aristokratisch, die andere national, beweglich, bereit, auch allenfalls Mangel zu leiden, unermüdlich. Es ist recht bedeutend, daß die Vereinigung zwei so entgegengesetzter Waffenbrüderschaften, von denen die eine den alten, die andere den neuen Zustand des germanischen Europa in sich schloß, den letzten entscheidenden Sieg erfocht. Man begreift es, daß Wellington damals die Verfolgung ablehnte und daß er auch seitdem keine Lust bezeigt, die Institutionen seiner Armee zu verändern. Er ist eben auch hier ein Antireformer. Von seinen Mitstreitern vermochte er sich nicht einmal einen Begriff zu verschaffen. – Spricht Chambray auch von der französischen Armee nach Napoleon?

Friedrich: Er ist nicht gerade ihr Bewunderer. Er kann es nicht vertragen, daß ein General, der zwanzig Schlachten gewonnen, nicht so viel politische Rechte ausüben soll, als ein Krämer, welcher ein paar hundert Franken Steuer zahlt. Das Avancement findet er bei weitem mehr von der Empfehlung eines Deputierten abhängig, der doch nur ein persönliches Interesse an dem Empfohlenen nimmt, als von dem Oberbefehlshaber, der denselben in den verschiedensten Lagen neben seinen Mitbewerbern geprüft hat. Die Offiziere scheinen zum Teil sogar ein

Interesse bei einer Staatsveränderung zu haben, weil sich voraussehen läßt, daß viele dann nicht weiter dienen, sondern sich zurückziehen und mithin zahlreiche Avancements eintreten werden.

Carl: Sonderbar, wie der Zustand der Gesellschaft mit den Elementen, die in ihr vorherrschen, jedes einzelne Institut erfüllt. Es ist das doppelt merkwürdig bei der bewaffneten Macht, die einen so unbedingten und von dem Gange der inneren Staatsverwaltung unabhängigen Zweck hat, wo man von jeher sich alles anzueignen befleißigte, was sich bei dem Nachbar oder dem Feinde brauchbar erwies. –

Friedrich: Eben das ist meine Bemerkung. Die das Ganze belebende, beherrschende Idee, der vorwaltende Zug des Geistes, der allgemeine Zustand bedingen Bildung und Wesen jedes Institutes. Man könnte freilich sagen, das Institut habe ganz für sich eine unabhängige Bedeutung. Insofern aber, in der Tat, sehe ich darin wenig mehr als eine Forderung, eine Möglichkeit; erst in der Ausführung erhält es geistige Realität; dann aber treten auch sofort die Unterschiede hervor.

Carl: Ich gestehe, ich habe schon öfter etwas Ähnliches wahrzunehmen geglaubt. Man rät uns oft an, eine oder die andere Einrichtung aus einem anderen Lande aufzunehmen; aber wer steht uns dafür, daß sie bei uns nicht in etwas Anderes umschlägt? Die Franzosen wünschten, sich das deutsche Unterrichtssystem anzueignen. Dies System beruht jedoch so sehr auf den Bedürfnissen, Gedanken und der Entwickelung der deutschen protestantischen Kirche, es ist so ganz vom Geiste derselben durchdrungen und getränkt, daß sie wohl nur die äußersten Umrisse, nur die Anschauung der zur Erscheinung gebrachten Idee an sich bringen können. Welch einen Unterschied nehmen wir zwischen den Universitäten der verschiedenen Länder wahr, obwohl sie in allen auf derselben historischen Grundlage beruhen!

Friedrich: Nun wohl! mit Vergnügen sehe ich, daß du hierin mit mir übereinstimmst. Es ist ein wesentliches Stück der Vorstellung, die wir zur Klarheit zu bringen haben. Dieselben Institute, mit demselben Zwecke, die auf den nämlichen historischen Grundlagen beruhen, sehen wir doch in den verschiedenen Ländern die abweichendsten Gestalten annehmen. – Woher, meinst du, daß dies abzuleiten ist?

Carl: Ich zweifle nicht, von den verschiedenen Verfassungen. – Die englische Kirche bringt die englischen Universitäten hervor, die Verfassung des Parlaments bestimmt die militärischen Institute; – mit unserer Kirche und unserem Staate hängen alle Einrichtungen unseres Landes auf das genaueste zusammen.

Friedrich: Zugestanden: aber ich frage weiter, wovon hängt die Verfassung ab?

Carl: Du wirst nicht fragen, wie sich eine jede im Laufe der Zeit entwickelt hat. Nur darauf, dächt' ich, käme es an, worin sie besteht. Der Gegensatz der Staatskörper, das Verhältnis der Gewalten, das Übergewicht der einen oder der andern, die ganze innere Ökonomie eines Landes, endlich die Bildungsstufe, auf der sich die Nation befindet.

Friedrich: Wäre dem so, so müßtest du ja Konstitutionen kopieren und nach einiger Vorbereitung und Heranbildung auf einen andern Boden übertragen können. Ist es aber, wie du zugestehst und dir praktisch einleuchtet, schon so schwierig, einzelne Einrichtungen zu verpflanzen, wird es nicht in Hinsicht der allgemeinen Verfassung geradezu unmöglich sein? Selbst wenn dir das besser gelänge, als es gelingen kann, so würde doch etwas Anderes, Verschiedenes entstehen.

Carl: Nach den verschiedenen Modifikationen der Zustände, wie ja auch eine lebendige Verfassung in dem eigenen Lande unaufhörliche Abwandlungen erfährt.

Friedrich: Täuschen wir uns nicht mit Möglichkeiten, an die wir doch eigentlich nicht glauben. Die Formen lassen sich verpflanzen; das aber, woher dieselben ihren Ursprung haben, nicht allein historische Grundlagen, sondern der Geist, welcher Vergangenheit und Gegenwart verbindet, und der auch die Zukunft beleben muß, wie wollt ihr den kopieren? Oder vielmehr – denn das würde nicht einmal etwas helfen – ihr müßtet euch seiner bemächtigen und ihn selbst eurer neuen Schöpfung einhauchen.

Carl: Ich sollte doch glauben, es wäre ohnehin eine innere Verwandtschaft da. Allenthalben sehe ich die drei Stände, ähnliche Formen, korrespondierende Parteien, die den wärmsten Anteil an Interessen nehmen, von denen sie unmittelbar gar nicht berührt werden. Es gibt einen Geist der Aristokratie, der Demokratie, der gemischten oder der reinen Monarchie. Ich will nicht sagen, daß Alles gleich sein müsse, ich bin weit davon entfernt. Aber eine Verfassung hat an der einen, eine andere an der andern Stelle eine vollkommenere Ausbildung: warum soll man nicht dieses Vollkommenere nachahmen, sich aneignen können?

Friedrich: Du scheinst mir diese Verfassungsarten zu hoch anzuschlagen. Es sind Klassifikationen, wie in der Botanik; aber glaubst du, daß ein Liebhaber seine Blumen an den Staubfäden erkennt? Man machte jene Unterscheidungen im Altertum, und so haben sie sich in Geltung erhalten. Jedoch noch etwas Anderes lebte in Athen, als der demokratische Geist. Die Demokratie hat die Ideale der schönen Kunst nicht hervorgebracht: Plato war ein schlechter Demokrat. Denke dir die Aristokratie nach allen ihren Prädikaten, niemals könntest du Sparta ahnen, ich will nicht sagen, seine Taten und Sitten, sondern nur die Art und Weise seiner Verfassung, nur das Verhältnis zwischen Spartiaten, Lacedämoniern und Heloten.

Carl: Doch wirst du diese Unterscheidungen nicht für unwichtig erklären. Du wirst nicht leugnen, daß die verschiedenen Staaten etwas Gemeinschaftliches haben.

Friedrich: Mich deucht aber, wir müssen das Formelle und das Reale unterscheiden. Das Formelle ist das Allgemeine, das Reale ist das Besondere, Lebendige. Gewisse Formen der Verfassung, – namentlich die, welche eine Beschränkung der persönlichen Willkür bezwecken, – Festsetzungen der Standesverhältnisse mögen allen Staaten notwendig sein. Aber sie sind nicht das ursprüngliche Leben, durch welches vielmehr alle Formen erst ihren Inhalt bekommen. Es gibt etwas, wodurch jeder Staat nicht eine Abteilung des Allgemeinen, sondern wodurch er Leben ist, Individuum, er selber.

Carl: Verstehe ich dich recht, so weicht deine Ansicht dadurch von andern ab, daß man gewöhnlich von den Verschiedenheiten der Form ausgeht und aus den Gattungen, die man annimmt, das Individuelle hervortreten läßt; du dagegen betrachtest die Formen mehr als ein zweites, untergeordnetes Element: als ursprünglich setzest du das eigentümlich geistige Dasein des individuellen Staates, sein Prinzip.

Friedrich: Wir können es uns an dem Beispiele der Sprache deutlich machen. Die Formen, in denen sich die Grammatik bewegt, haben eine allgemeine Übereinstimmung: sie kehren immer und überall auf gewisse Weise wieder. Aber der Geist jeder besonderen Sprache bringt eine unendliche Mannigfaltigkeit von Modifikationen hervor. Unter dem Prinzip des Staates haben wir nicht eine Abstraktion der Meinung, sondern sein inneres Leben zu verstehen; dies Prinzip verleiht jenen Formen der menschlichen Gesellschaft, die, ich leugne es nicht, ihr unentbehrlich sind, erst ihre bestimmende Modifikation, die Erfüllung der Realität.

Carl: Du setzest demnach gleichsam verschiedene geistige Substanzen, welche alle Modalitäten der Verfassung und der Gesellschaft erst beleben. Aber sprichst du damit nicht aller allgemeinen Politik Hohn? Du scheinst mir die ersten Grundfragen, von denen die Doktrin über den Staat auszugehen pflegt, zu übersehen.

Friedrich: Du meinst die Fragen über die ursprüngliche Bildung der Staaten, das Pactum unionis et subjectionis.

Carl: Welches der Anfang des Staates überhaupt war, Gewalt oder Vertrag, ob die Regierung eine ihr delegierte oder ursprünglich inhärierende Befugnis ausübt.

Friedrich: Verzeih mir, es ist ein Gebiet, das ich ungern berühre. Es liegt jenseit unserer Wahrnehmung. Hast du wohl vor kurzem die Sternwarte besucht und unsern neuen Frauenhofer erprobt?

Carl: Wie kommst du darauf?

Friedrich: Wenn man den ganzen Himmel betrachtet hat, selbst die unermeßlichen Sterngruppen, die die Milchstraße ausmachen, und den Blick immer tiefer in den unendlichen Raum versenkt, so begegnet uns in letzter Entfernung gleichsam eine zweite Nacht, noch tiefer und dunkler, auf deren Boden wir eine neue Welt, wunderbarere Gebilde wahrnehmen.

Carl: Die Nebelflecke meinst du.

Friedrich: Schwachleuchtende flüssige Meteore, bald Scheiben, bald Bogen, bald Ringe, und doch eine Sternenwelt, von der man glauben möchte, sie wäre noch in ihrer Bildung begriffen. Ich frage dich, soll man wohl die Astronomie auf die unsichern Beobachtungen gründen, die wir in jenem Gebiete machen können?

Carl: Und scheinen dir die Theorien über den Staat, die sich in so strenger Form darstellen, wirklich mit einem so chimärischen Beginnen verglichen werden zu können?

Friedrich: Man übersieht das, was man zunächst hat, und aus der dunkelsten Ferne sucht man zerstreute Tatsachen auf, um sie doch auf das Nächste anzuwenden. Aber Keppler entdeckte die Gesetze, die nach ihm den Namen führen, nur nach den genauesten, sorgfältigsten Beobachtungen eines wirklich zu erreichenden, zu berechnenden Himmelskörpers.

Carl: Wolltest du der allgemeinen Politik, wie wir sie jetzt haben, ihre Gültigkeit überhaupt ableugnen?

Friedrich: Sie ist mir so problematisch wie der Wert der

sogenannten philosophischen Grammatik. Auch diese führt mit der logischen Erörterung allgemeiner Sprachformen niemals zum Ziele. Jede Sprache stellt tausend besondere Modifikationen derselben dar. Erst durch umfassende historische Untersuchung und Kombination wird man sich zu ahnender Erkenntnis der in der Tiefe waltenden, alle beherrschenden geistigen Gesetze erheben. Wie mit jener Grammatik, so steht es mit der Politik, die von der leeren Idee des Staates ausgeht. Erinnere dich an Fichte. »Da die Oberfläche der Erde zerschnitten ist,« sagte er, »durch Meere, Flüsse, Gebirge, und durch sie die Menschen getrennt, so ward es auch dadurch notwendig, daß verschiedene Staaten entstunden.« Glaubst du, daß man von einem solchen Anfang aus wirklich zur Anschauung und Würdigung des Ursprünglichen und in dem Geiste Verschiedenen gelangen kann?

Carl: Unerläßlich aber bleibt immer die allgemeine Erörterung. Der Mensch muß doch wissen, warum er im Staate ist, warum er gehorcht.

Friedrich: Du hast Recht, daß die Theorie von diesem Bedürfnis ausgeht. Sie ist eine Vermittelung zwischen Privatrecht und öffentlichem Recht. Jenes sucht in diesem seinen Schutz, seine letzte Gewährleistung; dieses nimmt die Elemente des ersten in sich auf.

Carl: Und kommt es nicht in der Tat auf diese Vermittelung an? Ist nicht die allgemeine Sicherheit eines der vorzüglichsten Resultate moderner Staatsverwaltung?

Friedrich: Ich leugne das nicht. Aber es wird sich aus dieser allgemeinen Forderung, die doch nur eine Rücksicht des Privatlebens ausmacht, höchstens auf die Notwendigkeit gewisser Formen und Bildungen schließen lassen, so wie dort in jenem Nebelmeere die ätherischen, flüssigen Gestalten sich auch hie und da wieder kompakter zeigen, sich um einen Kern gruppieren. Die frühesten Anfänge der Bildung kann man auf diese Weise erläutern, nicht aber zur Anschauung und Beurteilung der vollendeten Wesenheiten gelangen.

Carl: Und so leugnest du, daß sich mit dem Begriffe des Staates im Allgemeinen viel anfangen lasse.

Friedrich: Ich halte dafür, die echte Politik muß eine historische Grundlage haben, auf Beobachtung der mächtigen und in sich selbst zu namhafter Entwickelung gediehenen Staaten beruhen.

Carl: Wird man nicht aus dem Allgemeinen zu dem Besonderen fortgehen können?

Friedrich: Ohne Sprung, ohne neuen Anfang kann man aus dem Allgemeinen gar nicht in das Besondere gelangen. Das Real-Geistige, welches in ungeahnter Originalität dir plötzlich vor den Augen steht, läßt sich von keinem höheren Prinzip ableiten. Aus dem Besonderen kannst du wohl bedachtsam und kühn zu dem Allgemeinen aufsteigen; aus der allgemeinen Theorie gibt es keinen Weg zur Anschauung des Besonderen.

Carl: Worin setzest du aber dies Besondere?

Friedrich: Laß uns von dem Allergeringsten anfangen. Sieh da unsern Jacques, eine Art von dienendem Kosmopoliten, der sein Talent der Dienstbarkeit schon in Italien, in Constantinopel und Petersburg versucht hat und durch ungünstige Winde endlich in diese Einsiedelei eines deutschen Gelehrten verschlagen worden, – ist er nicht in jeder seiner Bewegungen ein alter Franzos?

Carl: So bewegt er die Arme, wenn er auf der Straße geht, so faßt er die Lampe an; so gebärdet er sich, wenn ihm etwas Unerwartetes begegnet; so sind seine Gefühle, vielleicht seine Gedanken.

Friedrich: Nicht dort ist unser Vaterland, wo es uns endlich einmal wohl ergeht. Unser Vaterland ist vielmehr mit uns, in uns. Deutschland lebt in uns; wir stellen es dar, mögen wir wollen oder nicht, in jedem Lande, dahin wir uns verfügen, unter jeder Zone. Wir beruhen darauf von Anfang an und können uns nicht emanzipieren. Dieses geheime Etwas, das den Geringsten erfüllt, wie den Vornehmsten, – diese geistige Luft, die wir aus- und einatmen, – geht aller Verfassung vorher, belebt und erfüllt alle ihre Formen.

Carl: Es scheint, als fielen dir Nationalität und Staat zusammen.

Friedrich: Das ist doch weniger der Fall, als man glauben sollte. Die Nationen haben eine Tendenz, Staat zu sein; doch wüßte ich keine einzige, die es wirklich wäre. Frankreich, das diesem Ziele vielleicht am nächsten kommt, umfaßt lange nicht alle Franzosen, weder jene Canadier, welche in ihrer Entfernung und Absonderung, wie man sagt, das alte feudale Frankreich zu repräsentieren fortfahren, noch auch seine nächsten Nachbarn in Savoyen und der Schweiz. Noch weiter entfernt davon ist England. Seine Kolonien haben sich in Masse von ihm abgesondert und in einer dem Mutterlande entgegengesetzten Bewegung entwickelt. Von Deutschland braucht man gar nicht zu reden. Wollte man selbst den deutschen Bund als eine Art von Staat betrachten, was sich doch nur in einem sehr uneigentlichen Sinne verteidigen ließe, so wären doch lange nicht alle Deutsche darunter begriffen.

Carl: Woher leitest du diese Erscheinung ab? Auf Nationalität müßte doch, deiner Idee zufolge, der Staat sich gründen.

Friedrich: Der Staat ist seiner Natur nach bei weitem enger geschlossen als die Nation; er ist eine Modifikation wie des menschlichen so auch des nationalen Daseins.

Carl: Und wodurch kommt diese Modifikation zu Stande?

Friedrich: In die Zeiten der Urwelt können wir nicht hinabsteigen. Unsere Geschichte umfaßt eine kurze Spanne Zeit, und auch diese wie unvollständig und zweifelhaft! Was wollte es uns auch helfen, zu Epochen zurückzukehren, wo andere Vorstellungen von Erde und Himmel, andere Religionen die Welt beherrschten, wo dann andere Bedürfnisse, Fehler und Tugenden auf Einrichtungen führten, welche ihnen entsprachen. Wir finden die Welt von bürgerlichen Verfassungen eingenommen. Aber darum hört die Produktion keinen Augenblick auf. Aus dem Unscheinbaren erhebt sich durch eine neue Belebung das Gewaltige; aus der Zerstörung selbst erwachsen, es ist wahr, unter Zuckungen, aber doch haltbar neue Formen. Dies zu beobachten, die Regel des Werdens zu finden, halte ich für wichtiger und ist mir wenigstens interessanter als alle von ihrem Gegenstande getrennte Reflexion.

Carl: Du wirst schon angefangen haben, Beobachtungen anzustellen. Ich will sie dir heute nicht abverlangen. Aber im Allgemeinen, wie findest du, daß diese neuen Gestaltungen entspringen?

Friedrich: Natur der Dinge und Gelegenheit, Genius und Glück wirken zusammen.

Carl: Das Glück? Du meinst den Ausschlag der Begebenheit, den Sieg.

Friedrich: Den Moment, in welchem die Unabhängigkeit erkämpft und in Besitz gebracht ist.

Carl: In deiner Politik, scheint es, werden die auswärtigen Verhältnisse eine große Rolle spielen.

Friedrich: Die Welt, wie gesagt, ist eingenommen. Um etwas zu sein, muß man sich erheben aus eigener Kraft, freie Selbständigkeit entwickeln, und das Recht, das uns nicht zugestanden wird, müssen wir uns erkämpfen.

Carl: Würde dann nicht Alles auf die rohe Gewalt ankommen?

Friedrich: Nicht so viel, als das Wort Kampf anzudeuten scheint. Die Grundlage ist vorhanden, eine Gemeinschaft geschlossen; soll sie sich aber zu universaler Bedeutung erheben, so ist vor allem moralische Energie vonnöten. Durch diese allein können die Nebenbuhler, die Feinde im Wettstreit überwunden werden.

Carl: Du betrachtest das blutige Kriegshandwerk als einen Wettstreit der moralischen Energie. Hüte dich, daß du nicht zu sublim wirst!

Friedrich: Du weißt recht wohl, daß ihn unsere Altvordern, die wahrhaftig nicht sublim waren, auch so faßten. So boten jene Tencterer, jene Amsivarier den Römern Wettstreit um das leerstehende Land an. Aber in der Tat, du wirst mir wenig wichtige Kriege nennen können, von denen sich nicht nachweisen ließe, daß die wahre moralische Energie den Sieg behauptete.

Carl: Und von dem Kampfe, dem Siege willst du nun auch die Formen der inneren Organisation herleiten.

Friedrich: Nicht durchaus, nicht ursprünglich, aber wohl die Modifikation derselben. Das Maß der Unabhängigkeit gibt einem Staate seine Stellung in der Welt; es legt ihm zugleich die Notwendigkeit auf, alle inneren Verhältnisse zu dem Zwecke einzurichten, sich zu behaupten. Dies ist sein oberstes Gesetz.

Carl: Du scheinst eine militärische Tyrannei zu begünstigen.

Friedrich: Wie wäre es möglich, daß jemals eine großartige Stellung erworben würde ohne freiwilliges und vollkommenes Zusammenschließen aller Glieder! Durch die geheime Wirksamkeit zusammenhaltender Ideen bilden sich allmählich die großen Gemeinschaften. Glücklich, wenn Einer den Genius hat, sie zu leiten! Die Kraft, sie zu zwingen, würde er niemals besitzen.

Carl: Und so wäre es höchstens ein freiwilliger Militärstaat, den du gründest.

Friedrich: Du scheinst mir vorzuwerfen, was Aristoteles an einigen alten Gesetzgebern tadelt: ich denke mehr darauf, den Staat groß und mächtig zu machen, als die Bürger weise und gut, und mehr auf Kampf und Bewegung gehe mein Absehen als auf Frieden und Muße. Für den Anfang des Daseins, für die Epoche, wo es die Erkämpfung der Unabhängigkeit gilt, hast du nicht Unrecht. Allmählich aber werden alle friedlichen Bedürfnisse der menschlichen Natur sich geltend machen; dann muß sich Alles ausgleichen. Wir sprechen wohl hernach noch davon. Jetzt laß uns nur bei unserm bisherigen Ergebnis stehen bleiben, um es nur erst einmal zusammenzufassen. Nicht die entfernten Ursprünge so sehr, als das Gewordene, was wir vor Augen haben, fesselt unsere Aufmerksamkeit.

Carl: Und wie siehst du dies an?

Friedrich: Alle die Staaten, die in der Welt zählen und etwas bedeuten, sind erfüllt von besonderen, ihnen eigenen Tendenzen. Es würde lächerlich sein, sie für eben so viele Sicherheitsanstalten für die Individuen, die sich zusammengetan, etwa für ihr Privateigentum, zu erklären. Vielmehr sind jene Tendenzen geistiger Art, und der Charakter aller Mitbürger wird dadurch bestimmt, ihnen unauslöschlich aufgeprägt. Durch die Verschiedenheiten, welche hieraus entspringen, werden die Formen der Verfassung, die allerdings eine gemeinschaftliche Notwendigkeit haben, allenthalben anders modifiziert. Von der obersten Idee hängt Alles ab. Das will es sagen, wenn auch die Staaten ihren Ursprung von Gott herleiten. Denn die Idee ist göttlichen Ursprungs. – Jeder selbständige Staat hat sein eigenes ursprüngliches Leben, das auch seine Stadien hat und zu Grunde gehen kann, wie alles, was lebt, aber zunächst seinen ganzen Umkreis erfüllt und beherrscht und mit keinem anderen gleich ist.

Carl: In diesem Sinne verstehst du es, daß die Staaten Individuen seien.

Friedrich: Individualitäten, eine der anderen analog, – aber wesentlich unabhängig von einander. Statt jener flüchtigen Konglomerate, die sich dir aus der Lehre vom Vertrag erheben wie Wolkengebilde, sehe ich geistige Wesenheiten, originale Schöpfungen des Menschengeistes, – man darf sagen, Gedanken Gottes.

Carl: Ich will dir nicht widersprechen: zu fest scheint mir deine Ansicht, und ich bekenne, ich fühle mich von ihr angesprochen. Aber steigen wir ein wenig herab aus der allgemeinen Betrachtung. Sage mir, hältst du dafür, daß auch die heutigen Staaten diesen Ursprung und Inhalt haben?

Friedrich: Eben von ihnen nehme ich meine Behauptung her. Sie ließe sich, deucht mich, auf das vollkommenste nachweisen; doch würde die Abendstunde nicht ausreichen.

Carl: Eine Frage aber muß ich dir vorlegen. Wäre dem so, wie du sagst, so würde ein jeder Staat seine Bahn gehen, wir würden nicht die europäischen Reiche hauptsächlich im Kampfe über innere Einrichtungen in zwei feindselige, einander unaufhörlich bedrohende Hälften zerfallen sehen.

Friedrich: Allerdings gibt es eine europäische Gemeinschaftlichkeit. Nichtsdestominder war jeder Staat in seiner besonderen Entwickelung begriffen, und ein jeder wird, ich zweifle nicht, in dieselbe zurücktreten, sowie die Nachwirkungen der Revolutionskriege aufhören.

Carl: Eben diese aber sind es, welche deinen Satz zu erschüttern scheinen. Hat nicht das gesamte Europa gegen die Revolution Krieg erhoben? Wie würde es sich verständigt haben, wenn es nicht gemeinschaftliche Interessen wider dieselbe genährt hätte?

Friedrich: Du erinnerst dich recht wohl, wie schwer die Verständigung von statten gegangen ist. Auch war, wenn du in der Erinnerung weiter zurückgehen willst, der Fall nicht eigentlich, wie du ihn bezeichnest. Einmal, man war angegriffen; sodann, wie lange dauerte es, ehe man sich vereinigte! Es gehörte die ganze Gefahr dazu, mit welcher eine neuentstandene Gewalt jede Unabhängigkeit bedrohte, um endlich, gleichsam im Angesichte der Vernichtung, eine gemeinschaftliche Verteidigung hervorzurufen.

Carl: Aber noch in diesem Augenblick, welch eine Animosität zwischen den Verfechtern des liberalen und des absoluten Prinzipes! Man sprach heute wieder von den neuesten Nummern des Portfolio. Kennst du es?

Friedrich: Hier liegt es; aber wenn wir nun einmal nach so universalen Betrachtungen auf das vor uns liegende Konkrete eingehen und beide verknüpfen wollen, ich schließe daraus auf das Gegenteil von dem, was die Zeitungen gemeinhin darin wahrnehmen.

Carl: Findest du es so friedfertig?

Friedrich: Es ist ohne Zweifel die gehässigste, feindseligste Schrift, die seit langer Zeit publiziert worden ist; aber daß die großen Kontinentalmächte dadurch graviert würden, kann ich nicht einsehen.

Carl: Was sagst du von den Depeschen von Pozzo di Borgo?

Friedrich: Wahre Meisterstücke sind es. Ich hätte nicht geglaubt, daß die moderne Diplomatie so ausgezeichnete Arbeiten hervorbrächte.

Carl: Billigst du auch ihren Inhalt?

Friedrich: Wir kommen damit wenigstens über manchen Irrtum hinweg. Wie oft hat man die drei Kontinentalmächte angeklagt, an den Übertreibungen und dem einseitigen Verfahren der Anhänger des monarchischen Prinzipes in Frankreich oder in Spanien Anteil genommen, ja es angeraten, provoziert zu haben! Ich wüßte nichts, wodurch diese Behauptungen so schlagend widerlegt würden, wie die Depeschen Pozzo di Borgos vom Jahr 1826, die hier mitgeteilt werden.

Carl: Hältst du sie für echt?

Friedrich: Man kann darüber noch nicht entscheidend aburteilen; ein gutes Gepräge wenigstens haben sie, und selbst ihr vernünftiger Inhalt spricht für ihre Echtheit.

Carl: Du hast, wie es scheint, besonders die Depesche über Ferdinand VII. im Sinne, in welcher allerdings der Ursprung der portugiesisch-spanischen Irrungen recht klar hervortritt, in der endlich zugestanden wird, daß jene Expedition des Marquis von Chaves nach Portugal, welche die Quelle so vielen Unheils geworden ist, von einer Faktion herrührte, welche Ferdinand den VII. beherrschte.

Friedrich: Sei gerecht. Nicht allein dies, sondern auch daß sie wider den ausdrücklichen Rat der großen Mächte, ja wider das ihnen gegebene Wort geschah.

Carl: Du wirst nicht behaupten, daß man der Konstitution Don Pedros sehr günstig gewesen sei.

Friedrich: Gewiß nicht; aber hat sich diese Konstitution wohl seitdem so geeignet gezeigt, das Glück von Portugal zu machen? Übrigens wollte man, wie es hier heißt, ihr Zeit lassen, ihre Natur zu entwickeln: ich gebe zu, in der Meinung, sie müsse durch ihre Fehler zu Grunde gehen. Eine solche Feindseligkeit jedoch finde ich so gefährlich nicht. Eben diese Zeit mußte ja auch ihre Vorzüge entwickeln, wenn sie deren hatte. Auf keinen Fall hieß man die überdies schlecht berechnete Gewaltsamkeit gut, zu welcher sich Ferdinand verleiten ließ.

Carl: Auch Frankreich erwähntest du.

Friedrich: Mit wahrhafter Überlegenheit und durchdringender Einsicht werden die Fehler geschildert, welche Carl X. allen Anmahnungen zum Trotz beging. Es sind die nämlichen, denen wir noch heutzutage das Unglück dieses Fürsten zuschreiben müssen: daß er sich in einen engen Kreis exaltierter Kongregationisten einschloß, daß er Frankreich behandelte, als wäre es ins Heidentum zurückgefallen, daß er sich so wenig bemühte, die Tribunale, besonders die obersten Gerichtshöfe zu Paris für sich zu gewinnen, daß die Kammer nur noch als ein willenloses Instrument erschien, daß Villele kein Talent neben sich leiden konnte.

Carl: Sollten nicht die Übelstände noch etwas tiefer liegen? in der starken Stellung, zu der man die revolutionären Interessen gedeihen ließ, und ihrer natürlichen Opposition gegen die alte Monarchie?

Friedrich: Es kam alles zusammen. Nachdem man seinen Feinden Raum gegeben und Macht verliehen, bemühte man sich recht, ihren Ingrimm zu reizen und sich selbst zu isolieren. Wörtlich ging deshalb in Erfüllung, was hier vorausgesagt worden, daß man sich bei der ersten wahrhaften Krisis, in die man gerate, ohne alle moralische Stütze befinden werde, machtlos, ungeachtet so unermeßlicher Hülfsmittel der Macht, wie man sie in Händen hatte.

Carl: Ein recht glücklicher Advokat bist du heute!

Friedrich: Andere Denkmale, die hier bekannt gemacht werden, bedürfen keiner weiteren Erläuterung. Kann man sich vernünftiger ausdrücken, als es in der Denkschrift des Grafen Bernstorf geschieht, mit der die in ihrem Eifer fehlgreifende Feindseligkeit diese Hefte eröffnet hat? Es heißt daselbst, die Regierung müsse die Mehrzahl der Gebildeten für sich gewinnen; der freiwillige und gern geleistete Gehorsam fordere die Überzeugung, daß eine Regierung nicht nach den Rücksichten einer Partei, sondern zum allgemeinen Besten handle. Wie ist man von jenem Haß gegen konstitutionelle Verfassungen, den die Welt sich hat aufreden lassen, so weit entfernt! Jeder Gedanke daran, daß man in Deutschland irgendwo anders als mit gesetzlichen Mitteln zu Werke gehen könne, wird von der Hand gewiesen.

Carl: Und hierauf gründest du nun, wie es scheint, deine Lehre, daß jener Gegensatz zweier feindseliger Parteien in Europa eigentlich gar nicht bestehe.

Friedrich: Neigungen und Abneigungen sind da; sie sind durch den Gang der Begebenheiten hervorgerufen worden. Aber die angeblich zu den Waffen fertige und gerüstete Feindseligkeit jenes Gegensatzes ist eine Chimäre.

Carl: Und was urteilst du von der Animosität zwischen Östreich und Rußland, wie sie sich hier zu Tage legt.

Friedrich: Ich muß selbst lächeln: heute muß mir Alles dienen und zu Hülfe kommen. Man muß sehr unbekannt mit der Lage der Dinge im Jahre 1828 sein, wenn man über den lebhaften Ausdruck dieses Mißverständnisses so gewaltig erstaunt. Wer hätte damals nicht davon gehört und es sich ungefähr so gedacht, wie man jetzt liest, daß es gestanden? Es beweist nur eben, daß der Bund der großen Kontinentalmächte, der Bund zunächst zwischen Rußland und Östreich, nicht stärker ist als die Interessen. Es gibt keine so entschieden herrschende Tendenz der Meinung, daß die Interessen vor ihr zurückträten. In dieser Hinsicht ist sogar das Portfolio eine besonders merkwürdige Erscheinung. Es ist die erste, ein europäisches Aufsehen erregende Schrift, welche von den Gegensätzen der inneren Regierung wenigstens unbewußt abstrahiert und die Politik wieder auf das Gebiet der Macht und der auswärtigen Verhältnisse führt, wohin sie gehört.

Carl: Wahrhaftig, du scheinst mir Recht zu behalten! Lächle nicht, ich befinde mich fast in dem Falle des guten jungen Mannes, der in den letzten Jahren um Goethe war und so eben seine Konversationen mit ihm herausgegeben hat. Auch ich kann sagen: ich freue mich deiner Wahrnehmung, daß in jedem unserer großen Staaten ein lebendiges, individuelles, ihnen inwohnendes Prinzip sei, von dem seine Tätigkeit nach außen, seine innere Gestaltung abhange, und werde sie mir merken, sie im Stillen prüfen. Jetzt laß uns vorläufig noch einmal zu jenen allgemeinen Fragen zurückkehren. Noch einige Einwendungen, wenn du erlaubst, will ich dir vorbringen.

Friedrich: Ich werde suchen, sie zu heben.

Carl: Du nimmst einen so ungemeinen Teil der Lebenskräfte der Einzelnen für den Staat in Anspruch; womit vergütest du dies, was gibst du ihnen dafür?

Friedrich: Ich glaube mich nicht so ausgedrückt zu haben, als schilderte ich den besten Staat; ich suchte nur den zu begreifen, den wir vor Augen haben. Und nimmt der nicht in der Tat einen großen Teil der Kräfte eines Jeden in Anspruch? Die Auflagen absorbieren eine so bedeutende Summe des Ertrages der gesamten Tätigkeit; wie viele setzen ihr Vermögen, ihre Jugendjahre daran, um sich zum Dienste des Staates vorzubereiten; in unsern Gegenden ist Niemand der Erfüllung der militärischen Pflicht überhoben; das reine Privatleben ist schon nicht mehr vorhanden. Unsere Tätigkeit gehört an und für sich hauptsächlich dem Gemeinwesen an.

Carl: Was empfängt aber der Privatmann hinwieder für alle seine Teilnahme?

Friedrich: In dem rechten Staat ist sie selbst seine Belohnung; er denkt nicht daran, sich ihr zu entziehen: er sieht die Notwendigkeit ein; es gibt für ihn keine rein private Existenz; er würde nicht sein, der er ist, wenn er nicht diesem bestimmten Staate, als seinem geistigen Vaterlande, zugehörte.

Carl: Ist aber, frage ich dich, diese Freiwilligkeit der Hingebung wohl auch in demselben Grade in der Welt vorhanden wie jene Forderung?

Friedrich: Ich bin weit entfernt, das zu behaupten. Ich sehe Länder, wo man seine Pflicht ungern, widerstrebend erfüllt, – z. B. Italien. Der Staat macht auch da den europäischen Notwendigkeiten gemäß starke Anforderungen persönlicher und realer Leistung; unglücklicherweise aber kann er es nicht dahin bringen, daß man ihm eine freiwillige Tätigkeit widmet. Der Bürger fühlt die Verpflichtungen, die ihm aufgelegt sind, als eine Last; er sieht sich als überwältigt und bezwungen an: dem Dienste entzieht er sich so viel wie möglich; eben darum kann es zu jener Einheit privater und öffentlicher Bestrebungen nicht kommen, die den wahren Staat charakterisiert; – ich fürchte, dadurch tritt zuletzt selbst in der moralischen Energie eine Hemmung ein; auch die private Tätigkeit entwickelt sich nicht, wie sie könnte und sollte. Ich gestehe alles das ein; aber es ist ein Mangel, es ist ein abnormer Zustand.

Carl: Vermagst du ihn aber, sei es dort oder anderswo, zu vermeiden?

Friedrich: Wenigstens ist nichts dringender, notwendiger, als darauf zu denken, Alles dafür zu tun. Hierin liegt das Geheimnis einer fortschreitenden Macht. Was ihr im Herzen widersteht, besitzt sie noch nicht vollkommen. Das vornehmste Bestreben ihrer inneren Politik muß dahin gerichtet sein, alle Teile in freiwilliger Einheit zusammenzufassen.

Carl: Wird ihr dies aber möglich sein?

Friedrich: Es kommt eben darauf an, das Eigentümliche einer Provinz, einer Landesart nicht zu zerstören, – und sie doch mit unauflöslichen Banden an das Ganze zu knüpfen.

Carl: Und worauf scheint dir diese Verbindung der Provinzen und jedes Einzelnen mit dem Ganzen zu beruhen?

Friedrich: Am Ende doch darauf, daß die Idee des Staates einen Jeden ergreife, daß er von dem geistigen Leben desselben etwas in sich fühle, daß er sich als ein Mitglied des Ganzen betrachte und Liebe dazu habe, daß das Gefühl der Gemeinschaftlichkeit stärker sei als das Gefühl provinzieller, lokaler oder individueller Absonderungen.

Carl: Welche Mittel hat ein Staat in Händen, dies zu erreichen?

Friedrich: Jede Staatsgewalt muß heutzutage wohlwollend sein; auf der allgemeinen Wohlfahrt, darin kommen

Alle überein, beruht ohnehin ihre Macht. Sie muß aber auch zeigen, daß sie das auf die rechte Art ist. Sie muß dafür sorgen, daß man sie kenne, daß man wisse, was sie tut, daß jeder Einzelne erfahre, seine Geschäfte, insofern sie mit dem Allgemeinen zusammenhangen, werden so gut besorgt als immer möglich. Ist nur erst das Widerstreben besiegt, so wird jener geheime, von Innen wirkende und zusammenhaltende Antrieb in kurzem Alle ergriffen haben. Die Zwangspflicht wird sich zu Selbsttätigkeit, das Gebot zur Freiheit erheben.

Carl: Auch in gewöhnlichen Tagen würdest du Patriotismus fordern.

Friedrich: Da muß er gepflegt werden, damit er in den ungewöhnlichen nicht fehle; in gewissem Sinne muß er das Prinzip der Tätigkeit überhaupt sein.

Carl: Du machst den ganzen Menschen zu einem politischen Geschöpf.

Friedrich: Ich bin überzeugt, von der Wahrheit des Anteils, den man, ich sage nicht an den Formen der Verfassung, aber an dem Fortgange der öffentlichen Wohlfahrt, an dem gemeinen Wesen nimmt, hängt die Entwickelung auch der persönlichen Eigenschaften ab.

Carl: Also unmittelbare, formelle Teilnahme, Mitberatung, Mitbeschluß, würdest du nicht einmal verlangen?

Friedrich: Ich leugne nicht, daß sie förderlich sein könne; aber wenn wir unsere Erfahrungen befragen, so wirst du mir eingestehen, daß sie es darum nicht auch überall ist. Ich fürchte selbst, sie würde nicht allenthalben anwendbar sein. In dem Geiste unserer Monarchien ist etwas, dem sie widerstrebt.

Carl: Ich bin begierig, worin du den Geist unserer Monarchien findest.

Friedrich: Wir wollen nicht zu tief eingehen; allzu viele Beziehungen der Politik, des Rechtes, der Geschichte müßten wir erörtern. Aber um bei der Verwaltung stehen zu bleiben und dir doch eine Antwort zu geben, sage ich, der Sinn der monarchischen Formen ist, daß der rechte Mann an die rechte Stelle komme.

Carl: Wirst du nicht gestehen müssen, daß das nicht eben allemal der Fall ist?

Friedrich: Die Ausführung hängt von mancherlei Umständen ab. Sinn und Tendenz aber ist es immer.

Carl: Ich fürchte aufs neue, du begünstigst den Despotismus. Warum soll nicht ein Jeder, soweit sich tun läßt, zur Mitberatung gezogen werden? Warum soll man verdammt sein, zu gehorchen?

Friedrich: Nicht Alle, wie du dich aus Plato erinnerst, müssen Alles treiben. Es gibt unzählige Zweige menschlicher Tätigkeit, und das wunderbare Geheimnis der Natur ist, daß sie für eine jede ihre Talente immer wieder erschafft. Der allgemeine Nutzen erheischt, daß ein Jeder das Seine tue; den Poeten wird man vernichten, wenn man ihn bei Zehntablösungen zu Rate zieht, die darum um kein Titelchen besser vollzogen werden. Es ist der Vorteil des gemeinen Wesens, daß es private Tätigkeiten gibt, die zwar erfüllt sind von dem Geiste des Staates, aber sich nicht damit aufhalten, ihn auch regieren zu wollen.

Carl: Du vermeidest, den Punkt vom Gehorsam zu berühren.

Friedrich: Man spricht zuweilen gerade, als ob ein

fremdes Geschlecht sich zur Regierung eingedrängt hätte. Aber ich frage dich, wer sind sie denn, die Regierer, die Verwaltenden? Steigen sie nicht unmittelbar aus der Nation auf? Ich begreife nicht, wie es das Selbstgefühl verletzen kann, wenn, ich will sagen, von einer Anzahl Geschwister und Verwandten sich der eine industrieller, der andere merkantiler Tätigkeit widmet, ein dritter der Gelehrsamkeit, ein vierter dem Ackerbau, usw., und wenn dann auch einer von ihnen sich zur Fähigkeit erhebt, an der Regierung Teil zu haben, wo er ja doch am Ende die gemeinschaftlichen Angelegenheiten der Andern besorgt. Es kostet ihm Mühe genug, dahin zu gelangen. Regieren besteht nicht im Befehlen, in der Genugtuung, die eine kleinliche Eitelkeit darin finden könnte: es ist die schwere Kunst, die allgemeinen Angelegenheiten gut zu besorgen; ohne angeborenes Talent, Vorbildung und lange Praxis wird es Niemand dahin bringen; mit den übrigen Tätigkeiten des Lebens verglichen, ist diese vielleicht die schwerste von allen; sie fordert zugleich die tiefste Einsicht in das Vorhandene und eine vollkommene Freiheit des Geistes, um das noch nicht Vorhandene in das Leben zu führen. Daß man dies Denen überläßt, die es allein verstehen, hältst du das für ein Unglück? Es ist eine Auswahl der Geschicktesten aus der ganzen Nation, welche die Fähigkeit dazu in sich ausgebildet haben.

Carl: Wirst du aber immer Männer besitzen, die es auch verdienen, daß man ihnen gehorche?

Friedrich: Daß sie da sein werden, dafür bürgt die Natur, welche immer vollständig ist. Es kommt nur darauf an, daß man sie finde.

Carl: Aber eine Beschränkung wird doch bei der Neigung der Menschen, sich ihrer Macht zu überheben, auch hier notwendig sein.

Friedrich: Einmal hat man von der höchsten Stelle aus nicht Alles zu regulieren. Es gibt so viel tiefere Kreise, in denen nichts erwünschter ist als Spontaneität der Lebensregungen. Auch sage ich nicht, daß diese Form an und für sich vollkommen sei; auf tausendfache Weise kann sie ausarten. Nur so viel scheint mir am Tage zu liegen, daß dies Institut in der Natur der Sache begründet, von der Idee unserer Monarchien gefordert und der großartigsten Entwickelung fähig ist.

Carl: Von dem Privatmann würdest du dann eine auf gutem Willen beruhende, auf die Überzeugung, daß es so das Beste ist, gegründete Unterordnung fordern.

Friedrich: Diese Freiwilligkeit vergütet jede Leistung. Überhaupt fallen private und öffentliche Bestrebungen von höherer Ansicht aus wieder zusammen. Die privaten bekommen Schwung und Antrieb durch den Fortgang der öffentlichen; das öffentliche Glück entspringt aus dem privaten. In Allen muß das geistige Selbst des Staates leben.

Carl: Du sagst, es muß. Jedoch findet sich, daß es in Vielen nicht lebt.

Friedrich: Je nachdem ein Staat seine Mitglieder lebendig ergriffen hat. Es gibt auch hier Grade und Stufen.

Carl: Du berührst hier selbst eine andere Frage, die ich dir vorlegen wollte. – Wie kannst du Grade annehmen? – Müßten nicht nach deiner Ansicht alle Staaten gleich vortrefflich sein?

Friedrich: Insofern wohl, als wir die Idee allein ins Auge fassen, der wir ja einen göttlichen Ursprung zuschreiben, aber nicht in der Ausführung derselben, ihrer Darstellung in der Welt.

Carl: Welche Gradation gibt es zwischen Leben und Leben?

Friedrich: Die Analogie führt uns darauf. Ich finde nur den Unterschied zwischen Gesundheit und Krankheit. Ein gesunder Körper ist in Besitz aller seiner Kräfte, aller seiner Glieder; er fühlt nichts von den Einwirkungen der Elemente, oder er widersteht ihnen ohne Mühe; ein kränklicher oder schwacher wird davon affiziert, oder muß ihnen erliegen: er ist seiner selber nicht Herr. Ein gesundes politisches Dasein erfüllt alle Mitglieder des Staates. Es ruht sicher in seinem Prinzip; von den Parteiungen der übrigen, in sich zerfallenen Welt wird es zwar natürlich an seinen Grenzen, aber deshalb nicht in seinem Innern berührt. Man ist schon angegriffen und gehört sich nicht mehr durchaus selbst an, wenn man sich allzu lebhaft darum bekümmert, was bei dem Nachbar vorgeht.

Carl: Insofern wäre es möglich, daß der Staat auch immer vollkommener würde. Er würde einen Fortschritt zulassen.

Friedrich: Zulassen nur? Er ist ein lebendiges Dasein, das seiner Natur nach in unaufhörlicher Entwickelung, unaufhaltsamem Fortschritt begriffen ist.

Carl: Nach welchem Vorbild, welchem Ideal?

Friedrich: Alles Leben trägt sein Ideal in sich: der innerste Trieb des geistigen Lebens ist die Bewegung nach der Idee, nach einer größeren Vortrefflichkeit. Dieser Trieb ist ihm angeboren, bei seinem Ursprung eingepflanzt.

Carl: Du wirst nicht leugnen, daß oftmals Hemmungen, Mißgriffe, sagen wir selbst Rückschritte eintreten.

Friedrich: Wie wollte es in menschlichen Dingen daran fehlen? Aber man muß darum den Mut nicht verlieren; wenn man nur sonst gesund ist, sind es vorübergehende Anflüge.

Carl: Ich kann doch nicht sehen, wodurch sie unschädlich gemacht werden können, da deine Regierung kein formelles Gegengewicht hat.

Friedrich: Nichtsdestominder gibt es einen Geist des gemeinen Wesens, der nicht so leicht zu beseitigen ist. Er kann verdunkelt werden; sowie aber noch einige Energie der Lebenskraft vorhanden ist, wird er sich wieder hervortun, die Oberhand behalten, am Ende Alle beherrschen und mit sich fortreißen. Übrigens ist es etwas Großes, daß das allgemeine Interesse persönlich fixiert ist und sich in dem Selbstbewußtsein des Fürsten notwendig als seine eigene Sache darstellt.

Carl: Warum bringst du aber den Geist des gemeinen Wesens nicht auch zu vollkommenem Bewußtsein, zu Darstellung und Ausdruck? Warum fliehst du die deliberativen Formen?

Friedrich: Die verborgene Harmonie, sagt Heraklit, ist besser als die offenbare. Auch mußt du mich nicht mißverstehen. Ich verdamme jene Formen nicht; ich wünsche, daß sie, wo sie sind, sich so heilbringend, so glänzend als möglich entwickeln mögen; aber ich halte sie nicht für durchaus unentbehrlich. Ich lebe der Meinung, daß der öffentliche Geist noch andere Organe hat, die ihm oft sogar besser dienen.

Carl: Du meinst, das innerliche Zusammenhalten sei besser als alle Form des Vertrages.

Friedrich: Was von Natur zusammengehört, braucht dessen nicht. Zwischen Eltern und Kindern, zwischen Brüdern und den Gliedern der Familie ist keine Konfarreation vonnöten.

Carl: Noch Eins habe ich auf dem Herzen. Du gibst deinem Staate so viel Attribute geistiger Einheit, die Hingebung, die du forderst, ist so vollständig, daß ich fürchte, du greifst damit in das Gebiet der Kirche über.

Friedrich: Ich sollte nicht denken. Staat und Kirche sind ewig geschieden. Die Kirche knüpft den Menschen an die höchste, oberste Gemeinschaft. Sie setzt für die Handlungen allerdings eine unwandelbare Regel fest, die Regel dieser geheimnisvollen Gemeinschaft, der Religion. Sie bemüht sich, alles entfernt zu halten, was dieselbe verletzen könnte. Aber hier ist auch die Grenze ihrer Wirksamkeit. Positiver Weise hat sie keinen Einfluß auf menschliche Dinge; was sie von weltlicher Wirksamkeit in Anspruch nimmt, verliert sie an der geistlichen; mit der Einrichtung des Staates hat sie, wie gesagt, unmittelbar nichts zu schaffen.

Carl: Sie sind aber doch beide geistiger Natur. Wo wirst du die Grenze zwischen ihnen setzen?

Friedrich: Der Geist der Kirche ist unbedingt gültig für das ganze Menschengeschlecht, der allgemeine. Ihrer Natur nach will wenigstens eine jede die allgemeine sein. Die Idee des Staates würde dagegen vernichtet werden, wenn er die Welt umfassen wollte: Staaten sind viele. Der Geist des Staates ist zwar göttlicher Anhauch, aber zugleich menschlicher Antrieb. Es ist eine Gemeinschaft beschränkterer Natur, über der jene höhere, von Bedingungen freiere Gemeinschaft schwebt.

Carl: Ich glaube jetzt, deine Gedanken im Allgemeinen zu fassen. Die Staaten geistige Wesenheiten, notwendig und in der Idee von einander verschieden. Die Formen der Verfassung, die einzelnen Institute allgemeine Notwendigkeiten des menschlichen Daseins, aber durch jene Idee modifiziert, erst durch sie bis zur Realität erfüllt und deshalb notwendig auch verschieden. Das private und öffentliche Leben bis auf einen gewissen Punkt identisch; auch das Privatleben von der Idee, die den Staat belebt, abhängig. Diese mannigfaltigen Schöpfungen geistigen Lebens untergeordnet der höchsten Gemeinschaft der Kirche.

Friedrich: Fasse aber auch diese Wesenheiten in ihrer vollen Bedeutung ins Auge! So viel gesonderte, irdisch-geistige Gemeinschaften, von Genius und moralischer Energie hervorgerufen, in unaufhaltsamer Entwickelung begriffen, mitten in den Verwirrungen der Welt durch innern Trieb nach dem Ideal fortschreitend, eine jede auf ihre Weise. Schaue sie an, diese Gestirne, in ihren Bahnen, ihrer Wechselwirkung, ihrem Systeme!

Carl: Genug für heute. Schon höre ich die Wagen, die von dem Feste nach Hause fahren. Von den Zweifeln, die mir aufstoßen, reden wir weiter.

Friedrich: Denn noch bei weitem deutlicher und vollständiger hätte ich mich aussprechen sollen. Indessen habe Dank, daß du meine Ideen aufgenommen, nicht von vornherein verworfen hast. Es ist so beruhigend und befestigt uns in uns selbst, in dem verwandten Geiste eine gleichartige Überzeugung hervorzurufen.

Nachwort

Leopold von Ranke ist bis heute der berühmteste deutsche Historiker geblieben. Aber sein Werk – 54 Bände »Sämtliche Werke«, 9 Bände »Weltgeschichte«, 4 Bände »Aus Werk und Nachlaß«, 2 Briefbände, zahlreiche Sonderausgaben einzelner oder mehrerer Schriften – wird, außer von Spezialisten, kaum noch gelesen. Das Büchlein, das hier aus Anlaß von Rankes 200. Geburtstag herauskommt, soll Lust darauf machen, dieses Œuvre wieder kennenzulernen. Es vereinigt zwei Texte, die zu den bekanntesten, meistzitierten, wirkungsmächtigsten Schriften Rankes gehören: Schlüsseltexte der Rankeschen Geschichtsschreibung und der vom Historismus geprägten deutschen Geschichtswissenschaft überhaupt. Man hat sie in unserem Jahrhundert mehrfach, einzeln oder gemeinsam, neu ediert: Friedrich Meinecke 1916 und 1924, Heinrich Ritter von Srbik 1941, Theodore H. von Laue 1950 (in englischer Übersetzung), Theodor Schieder 1955; dazu kommt ihr Wiederabdruck in diversen Ranke-Auswahlbänden: so von A. Eggers (1918), Erich Rothacker (1925), Hans Hofmann (1940) und, wiederum in englischer Übersetzung, von Georg G. Iggers und Konrad von Moltke (1973). Alle diese Herausgeber stehen im Banne ihrer Zeit; jeder hat eigene Interessen und Gesichtspunkte und daher ein eigenes Bild von Ranke. Meinecke erlebt 1916 die Mächtekämpfe des Ersten Weltkriegs als Bestätigung der »Rankeschen Lehren« (S. 5), die er 1924 von den »Vergröberungen des

Machtstaatsgedankens« seit dem 19. Jahrhundert abgrenzt (S. 13); Srbik stellt 1941 fest, »daß unsere Jahre einer gigantischen Zeitenwende die Tiefe einzelner Rankescher politischer Gedanken mehr zu erschließen vermögen, als noch vor kurzem möglich war« (S. 7); Schieder sucht Ranke 1955 angesichts einer »Weltbürgerkriegssituation« und »im Jahrhundert totalitärer Staatsmacht« zu würdigen (S. 84); Iggers und Moltke bewerten Ranke 1973 vom Standpunkt einer »democratically oriented historiography« her (S. LXX). Es lohnt sich, die beiden Texte heute, in einer wiederum veränderten Situation, erneut zugänglich zu machen.

Allerdings haben sich die »Großen Mächte« wie besonders das »Politische Gespräch« erst nach einiger Zeit als Schlüsseltexte zu erkennen gegeben. Ranke veröffentlichte sie zuerst 1833 und 1836 in der »Historisch-politischen Zeitschrift«, die er von 1832 bis 1836 herausbrachte und überwiegend selbst schrieb. Dieses offiziöse publizistische Unternehmen lief nicht nur neben seiner akademischen und historiographischen Tätigkeit her, sondern endete auch mit einem gewaltigen Fiasko, vor dem er förmlich die Flucht ergriff: eine traumatische Episode in seinem Gelehrtenleben. Sofern Ranke sich damals Ansehen verschaffte, geschah das durch die »Geschichte der Päpste« (1834-1836), die den Mißerfolg der Zeitschrift überstrahlte. Er kam auf seine hier publizierten Artikel erst Jahrzehnte später zurück, als er vor der Frage stand, welche davon in seine seit 1867 erscheinenden »Sämtlichen Werke« aufzunehmen seien. Er entschied sich für die Abhandlungen rein historischen Inhalts: »Das Beste, was in der Zeitschrift vorkam, war doch eigentlich historisch« (autobiographisches Diktat vom Dezember 1875, S. W. 53/54, S. 51). Unter ihnen räumte er den »Großen Mächten«, die er 1872 in der »Ersten Sammlung« seiner »Abhandlungen und Versuche« (S. W. 24) unterbrachte, einen höchsten Rang ein. Es heißt hier von diesem und von dem 1832 veröffentlichten Artikel »Über die Zeiten Ferdinands I. und Maximilians II.« (Wiederabdruck S. W. 7): »Beide Abhandlungen, auf den bis dahin gemachten Studien beruhend, waren zugleich Programme für künftige« (S. W. 24, S. 3); die spätere Wertschätzung der »Großen Mächte« knüpft an diese Feststellung an. Bezeichnend ist, daß es Ranke beim Wiederabdruck »für geboten« hielt, »am Schlusse einige Sätze wegzulassen, die dem Streite des Momentes, in dem der Aufsatz erschien, angehören« (ebd.). Erst nach Rankes Tod, 1887, gab Alfred Dove einen Band »Zur Geschichte Deutschlands und Frankreichs im neunzehnten Jahrhundert« (S. W. 49/50) heraus, der die eher politisch geprägten Artikel aus der »Historisch-politischen Zeitschrift« enthielt, darunter auch das »Politische Gespräch«; zugleich teilte Dove darin nachträglich die 1872 weggelassenen Sätze aus den »Großen Mächten« mit (ebd., S. 74ff.). Freilich suchte der Herausgeber das in diesen Artikeln sich geltend machende politische Moment wiederum zu historisieren: er stellte sie in die »Reihe seiner streng geschichtlichen Arbeiten«, da »sie sich zugleich fast überall auf die Stufe echt historischer Darstellung erheben« (ebd., S. XI). Auch das »Politische Gespräch« trat damit, wie vorher die »Großen Mächte«, aus dem bisherigen Schatten heraus und rückte seitdem immer mehr neben sie. Schließlich wurde es üblich, zwischen dem politischen Fiasko und dem wissenschaftlichen Wert der »Historisch-politischen Zeitschrift« zu unterscheiden, den primär »die beiden programmatischen Schriften« für Rankes »Lebenswerk« (Schieder, S. 83) auszudrücken schienen.

Aber das alles darf nicht darüber hinwegtäuschen, daß die beiden Artikel, um die es hier geht, angemessen nur aus ihrem ursprünglichen publizistischen Kontext heraus zu verstehen sind. Es handelt sich nicht nur darum, daß sie nun einmal zunächst für die »Historisch-politische Zeitschrift« bestimmt sind. Entscheidend ist vielmehr, daß der »programmatische« wissenschaftliche Anspruch selbst, den sie später vor sich hertragen, sich aus dieser Bestimmung ergibt. Hinter dem politischen Fiasko der Zeitschrift steckt ein »historisch-politisches« Konzept, das den Mißerfolg überdauert; die »Großen Mächte« und das »Politische Gespräch« sind deswegen »die beiden programmatischen Schriften«, weil sie dieses Konzept zur Grundlage für Rankes »Lebenswerk« erweitern.

Als der preußische Außenminister Bernstorff, einen Vorschlag des Verlegers Perthes aufgreifend, die Gründung der »Historisch-politischen Zeitschrift« beschloß, ging es ihm um die publizistische Unterstützung der preußischen Regierung, die seit der französischen Julirevolution von 1830 unter den Druck der öffentlichen Meinung in Deutschland geraten war. Der neue Umsturz in Paris hatte revolutionäre Erhebungen oder Reformen in anderen Ländern nach sich gezogen, denen wiederum vielfach scharfe Reaktionen gefolgt waren. Ganz Europa trat in ein liberal-demokratisches und ein feudal-absolutistisches Lager auseinander; in Deutschland stritt man um einzelstaatliche Repräsentativverfassungen und um nationale Einheit. Preußen sah sich zunächst in das feudal-absolutistische Lager verwiesen: es stand mit den konservativen Hauptmächten Österreich und Rußland gegen die Revolutions- oder Reformstaaten Frankreich und England zusammen, verweigerte die Einführung einer modernen parlamentarischen Verfassung und unterstützte die repressive Bundespolitik Metternichs. Aber Preußen war zugleich ein moderner Rechts- und Verwaltungsstaat, betrieb eine liberale Wirtschaftspolitik, besaß ein vielbewundertes Bildungssystem, hatte demokratische Einrichtungen wie die Städteordnung und die allgemeine Wehrpflicht, bereitete mit dem Zollverein ein neues Modell deutscher Einheit vor, hielt bei alledem den Nimbus der Stein-Hardenbergschen Reformzeit lebendig. Die preußische Regierung mußte daher bemüht sein, sich der herrschenden ideologisch-politischen Polarisierung so weit wie möglich zu entziehen, zwischen den Lagern zu lavieren, jedenfalls in Deutschland um breiten Konsens für ihre Politik zu werben. Sie erregte damit aber nur das Mißtrauen beider Seiten und brachte vor allem gleichermaßen die »rechte« wie die »linke« Presse in Deutschland gegen sich auf, die damals zu einer Hauptmacht geworden waren. Mit der neuen Zeitschrift ging Bernstorff in die Gegenoffensive. Sie sollte im Publikum, und zwar bei den besitzenden und gebildeten Schichten, den Standpunkt der preußischen Regierung zu Gehör bringen, dabei von der Kommentierung der tagtäglichen Politik absehen, vielmehr historisch fundierte Aufklärung über die allgemeinen

Ziele der preußischen Regierung bieten: Historie im Dienste der Politik, als Handlungsanweisung.

Wer war Ranke, als Bernstorff ihm im Oktober 1831 die Leitung der Zeitschrift antrug? Er war zunächst ein Mann, der der preußischen Regierung viel verdankte. Sein Erstlingswerk hatte ihm 1825, ohne Befragung der Fakultät, die Berufung vom Gymnasium in Frankfurt a. d. Oder zum Geschichtsprofessor an der Berliner Universität eingetragen; 1827 hatte er Urlaub für eine Archivreise nach Wien und Italien erhalten, die sich, ausschließlich seinen eigenen Forschungsinteressen dienend, bis 1831 hinzog; er galt als wissenschaftlich vielversprechend und darum förderungswürdig. Er stammte aus einer thüringischen Kleinstadt, die 1815 preußisch geworden war, aus einer wohletablierten Pastoren- und Advokatenfamilie; er hatte die berühmte sächsische Fürstenschule in Pforta besucht und in Leipzig studiert, bevor er in den preußischen Schuldienst eintrat. Er war von der Theologie und der Klassischen Philologie, seinen Leipziger Studienfächern, zur Geschichtsschreibung gekommen und hatte sich in der Folge zunehmend auf die europäische Staatengeschichte der frühen Neuzeit verlegt. Er suchte noch nach einem Generalthema: die geplante Fortsetzung seines Erstlingswerks war unterblieben, ein weiteres Projekt einstweilen ebenfalls nicht über den ersten Band hinaus gediehen; die Entdeckung immer neuer Quellen hatte ihn fortgesetzt auf neue Ideen gebracht; nach der Rückkehr aus Italien war er bei der Überfülle des gesammelten Materials zunächst ganz unschlüssig, was er damit anfangen solle; er stand an einem Scheideweg, war dabei voll von produktiver

Energie. Er lebte in seinen Studien, aber auch in der Welt, kannte sich in den ästhetischen, philosophischen, politischen Debatten der Zeit aus, war für die verschiedensten Einflüsse empfänglich. Seit seinem Wechsel nach Berlin hatte er eine gewisse Weltläufigkeit erlangt: er verkehrte in den hauptstädtischen Salons, wo er Regierungsleute, Literaten, Gelehrte, bedeutende Frauen traf, war mit Savigny, Varnhagen von Ense, Alexander von Humboldt, Bettina von Arnim vertraut; er hatte in Wien und Italien gleiche Kontakte gepflogen, war mit Gentz, der rechten Hand Metternichs, bekannt geworden, hatte in Venedig eine seitdem nicht mehr abreißende Verbindung zum preußischen Kronprinzen geknüpft. Er war politisch ein Konservativer, aber allem Doktrinären abhold, in den Ideen der Restauration verwurzelt, aber Neuerungen nicht abgeneigt; er war kein Freund der Julirevolution, hielt sich aber von reaktionärer Hysterie fern. Schließlich: er war – bei weitem Blick auf Deutschland, Europa und die Welt – ein loyaler Untertan des preußischen Staates, nachdem er noch in seiner Frankfurter Zeit Irritationen über den Anschluß seiner Heimat an Preußen empfunden hatte.

Ranke war nicht Bernstorffs erste Wahl, aber auch keine Notlösung. Er hatte ein Profil, das offenbar den wesentlichen Anforderungen der Zeitschrift entsprach. Und Ranke selbst? Er nahm den Antrag des Ministers an, nicht nur, weil er sich dem preußischen Staat gegenüber verpflichtet fühlte, sondern auch, weil er die Sache von innen her ergriff, ja, zu seiner besonderen Mission machte. Was ihn hinriß, war die Möglichkeit, als Historiker zu öffentlicher Wirksamkeit zu gelangen, seine historischen Studien auf die großen politischen Fragen der Gegenwart zu beziehen und damit der Politik neue Wege zu weisen: »eine große Laufbahn, die sich mir eröffnet« (Das Briefwerk, S. 246). Die Annahme des Antrags war aber auch ein Ausweg aus der Unbestimmtheit, in der er sich seit seiner Rückkehr aus Italien befand; mit ihr begann Ranke festen Boden für seine weitere wissenschaftliche Arbeit zu gewinnen.

Allerdings packte Ranke die ihm übertragene Aufgabe ganz anders an, als sich das Bernstorff vorgestellt hatte. Er verkündet es in der Einleitung der Zeitschrift als seine Absicht, den »politischen Theorien« der »Extreme«, die sich gegenwärtig bekämpften, die »wahre Politik« entgegenzustellen, die er auf »die ursprüngliche Mannigfaltigkeit der Tatsachen« gründet (S. W. 49/50, S. 3 f.). Er meint damit gewiß auch, im Sinne Bernstorffs, die Rechtfertigung der preußischen Politik gegenüber den beiden großen ideologisch-politischen Lagern. Aber im Vordergrund steht ihm ein ganz anderes Interesse. Sein Hauptvorwurf gegenüber den »politischen Theorien«, zumal gegenüber der revolutionären »Theorie«, lautet, daß sie, gleich der mittelalterlichen Scholastik, »die reale Welt nach ihren Schulmeinungen«, nach ihrem »Dogma«, »System«, »Begriff« beurteilten (ebd., S. 3 f. u. 7) und damit verfehlten. Dagegen setzt er ein »reines Urteil«, das sich an die »Wahrheit der Dinge« selbst hält (ebd., S. 3 f.). Auf der einen Seite gibt es einen »Anspruch auf Alleinherrschaft« der eigenen Maßstäbe, auf der anderen »die ungemeine Mannigfaltigkeit europäischer Zustände»; jene »politischen Theorien« selbst haben »an ihrem Orte, in ihrer Stelle« ihr relatives Recht (ebd.,

S. 4 f.). Hier geht es ersichtlich nicht um gegensätzliche politische Forderungen, sondern um gegensätzliche Formen der Erkenntnis: um den Gegensatz zwischen rationalistisch-abstraktem und historisch-konkretem Denken. Gleichwohl hat dieser Gegensatz für Ranke eine politische Pointe. Das rationalistisch-abstrakte Denken läßt die Wirklichkeit undurchschaut, in der wir politisch handeln; das historisch-konkrete Denken macht sie uns verständlich und bereitet uns damit auf das Handeln vor. Genau das ist Rankes Vorsatz: »das Wichtigste zu umfassen, was ein denkender Zeitgenosse zu erfahren wünschen kann, um seine Zeit nicht nach irgend einem Begriff, sondern in ihrer Realität zu verstehen und völlig mitzuleben« (ebd., S. 7). Was aus dieser Belehrung politisch folgen soll, bleibt im Grunde offen: Ranke will Erkenntnis im »Geiste reiner und unparteiischer Wahrheitsliebe« (ebd.) leisten, beansprucht als Historiker keine Zuständigkeit für das Handeln selbst, überläßt dieses vielmehr der autonomen Entscheidung der Handelnden. Statt Politik verspricht Ranke Einsicht in die historischen Bedingungen oder Voraussetzungen der Politik. Statt die Ziele der preußischen Regierung zu propagieren, sucht er die historisch gewachsene Vielfalt der europäischen Staatenverhältnisse zu vergegenwärtigen, von der sie auszugehen hat. Alle Artikel Rankes – zur französischen und deutschen Zeitgeschichte, über andere politische und historische Themen – sind nach diesem Konzept durchgeführt. Der Verfasser verschweigt nirgends seinen politischen Standpunkt; aber sein Nachdruck liegt auf der historischen Erkenntnis, die diesem Standpunkt und der politischen Praxis überhaupt vorausliegt.

Man versteht, daß Rankes Vorhaben, gemessen an den ursprünglichen Intentionen und Erwartungen, zum Scheitern verurteilt war. Die preußische Regierung, das politisch interessierte Publikum, selbst die politischen Gegner: alle, die auf eine primär politische Zeitschrift eingestellt waren und nun eine primär historische Zeitschrift zu lesen bekamen, waren enttäuscht oder abgestoßen. Die Zeitschrift verlor Mitarbeiter und Abonnenten, erschien in immer größeren Abständen und ging schließlich sang- und klanglos ein: Ranke erlebte sein traumatisches Fiasko. Aber sosehr er darunter litt, so sehr fühlte er sich doch auch befreit, und zwar nicht nur, weil er eines aussichtslos gewordenen Projektes ledig geworden war, sondern auch, weil die Konzipierung und Durchführung der Zeitschrift ihm zu einer historiographischen Standortbestimmung verholfen hatte. Er war mit seiner Hoffnung auf öffentliche Wirksamkeit gescheitert. Aber er sah sich keineswegs mit seinem Grundgedanken gescheitert: der Dialektik von Politik und Geschichte. Ihm blieb unverloren, daß er die Geschichte mit der Politik in Verbindung gesetzt hatte und sich darüber klargeworden war, was die Geschichte für die Politik zu leisten vermöge. Er gewann aus dieser Erfahrung das Generalthema, das seiner Geschichtsschreibung zunächst noch gefehlt hatte: das Problem, auf das er im nachhinein alle seine bisherigen Arbeiten bezog und das alle seine künftigen bestimmen sollte.

Die »Großen Mächte« und das »Politische Gespräch« sind die Brücke, die von der »Historisch-politischen Zeitschrift« zu Rankes »Lebenswerk« führt.

Die Fragestellung der »Großen Mächte« entspricht

der Hauptaufgabe, die Ranke der Zeitschrift überhaupt stellt. Er sucht »einige Irrtümer über den Bildungsgang der modernen Zeiten, die sich fast ganz allgemein verbreitet haben, zu erschüttern« und »den Weltmoment in dem wir uns befinden, deutlicher und unzweifelhafter, als es gewöhnlich geschehen mag, zur Anschauung zu bringen«. Diese »Irrtümer« bestehen ihm darin, daß man, voran in Frankreich selbst, der Revolution von 1789 und der Julirevolution von 1830 eine universale Tendenz zur Demokratisierung zuspricht, der sich auf Dauer kein Land entziehen könne. Ranke zeigt statt dessen »den Gegensatz der Völker und Volkstümlichkeiten, der Staaten und ihrer Prinzipien«, der ihm zugleich »die wahre Harmonie« in Europa zu gewährleisten scheint. Er stellt dazu »den Weltmoment in dem wir uns befinden«, in den weitesten historischen Zusammenhang, indem er ein »Fragment historischer Ansichten« über die »letzten anderthalb Jahrhunderte« liefert; ein Fragment soll nach der romantischen Theorie der Brüder Schlegel »›condensirte und compacte Abhandlung‹« geben, die »jeden Gedanken, der Physiognomie habe, mit ein paar Federstrichen characterisiren könne« (Rudolf Haym, Die romantische Schule. Ein Beitrag zur Geschichte des deutschen Geistes, Berlin 1870, S. 284 u. 898).

Bei dieser Schau auf »das Ganze« bleibt Rankes Auge an der Entstehung und Ausbildung der »großen Mächte« haften. Er will daran zweierlei demonstrieren: daß Frankreich einen universalen Anspruch nicht erst seit 1789 proklamiert, sondern schon in der Zeit Ludwigs XIV. und daß sich dagegen beide Male »große Staaten aus eigener Kraft erhoben« und sich »lebendig erneuert«

haben, die jetzt »ihren eigenen Gang« gehen und »ihrem eigenen Prinzip« folgen. Frankreich selbst erscheint dabei als Macht neben Mächten, der revolutionäre Universalismus als Funktion der spezifisch französischen »Anmaßung, die Welt zu regieren«; die Französische Revolution wird wesentlich aus dem Bestreben nach »Herstellung der alten Macht« erklärt. Es gehört zum »fragmentarischen« Charakter des Essays, daß sich Ranke primär an die »auswärtigen Verhältnisse« der verschiedenen Staaten hält; der »Begriff einer großen Macht« selbst ist außenpolitisch bestimmt: »daß sie sich wider alle anderen, selbst zusammen genommen, zu halten vermögen müsse«. Gleichzeitig soll in den äußeren Verhältnissen »der Aufschluß für die innern, mit denen sie in der mannigfaltigsten Wirkung und Rückwirkung stehen, ... großenteils zu finden sein«: für die innere Politik, die Verfassung, das kulturelle Leben, das ganze »nationale Dasein«. Dem liegt die Auffassung zugrunde, daß die Notwendigkeit der Selbstbehauptung nach außen die Gesamtkonstellation festlege, in der sich alle anderen Verhältnisse entwickelten, ohne sich deswegen auf außenpolitische Erfordernisse reduzieren zu lassen; es handelt sich darum, daß »diese Dinge auf das genaueste zusammen gehören«, daß es Wechselwirkungen, Parallelen, Entsprechungen zwischen dem äußeren und dem inneren Dasein eines Staates gebe; hinter diesem Rankeschen Primat der Außenpolitik steht der Gedanke, daß der Staat »geistige Kraft«, »moralische Energie«, »selber Leben«, die dynamische Wirklichkeit menschlicher Selbstbestimmung sei. Ranke gibt im Verlauf seiner Darstellung dadurch »Aufschluß« über die inneren

Angelegenheiten, daß er ihre jeweilige Verknüpfung mit den auswärtigen aufweist: innere Bedingungen der äußeren Politik oder außenpolitische Bedingungen der inneren Verhältnisse; sein besonderes Interesse gilt den Zusammenhängen zwischen äußerer Macht und nationaler Literatur.

Es ist nicht schwer, aus diesem Text die politischen Positionen herauszuholen, für die Ranke einsteht: die Sache der preußischen Regierung zwischen Revolution und Reaktion; Ranke erkennt etwa schon in der Zeit Friedrichs d. Gr. die Notwendigkeit »einer freien und gründlichen Vereinigung« Preußens und Österreichs »gegen das Ausland«. Aber das Politische tritt zurück hinter der Erkenntnis des »Weltmoments«, den »historischen Ansichten«, der Einsicht in die geschichtlichen Grundlagen der Gegenwart als Voraussetzung für die Gestaltung der Zukunft.

Im Gesamtzusammenhang Rankescher Geschichtsschreibung stellen die »Großen Mächte« die bis dahin schärfste Zäsur dar. Ranke umreißt hier mit einem Schlage das Problem und den Hauptinhalt seiner künftigen Geschichtswerke: die Entstehung und Ausbildung der »großen Mächte« seit dem 17. Jahrhundert als Vorgeschichte der Gegenwart und damit als Grundlegung zukünftiger Politik. Blickt man auf seine früheren Schriften zur europäischen Staatengeschichte zurück, so ergibt sich ein zwiespältiges Bild. Einerseits knüpft das »Fragment« an ihnen an, setzt sie gewissermaßen fort; andererseits erhalten sie durch ihre nachträgliche Hinordnung auf ein Erkenntnisinteresse, das ihnen ursprünglich fremd war, nicht nur einen neuen Stellenwert, sondern auch unter sich eine ihnen bisher durchaus mangelnde Folgerichtigkeit. Die »Großen Mächte« stellen damit, im Übergang von der einen zur anderen Phase, gewissermaßen die Einheit der Rankeschen Historiographie her.

Das »Politische Gespräch« hat ein ganz anderes Aussehen. Die äußere Form ist die des seit Lessings »Ernst und Falk« wiederum sehr beliebt gewordenen sokratisch-philosophischen Dialogs, in dem ein Wissender einen Fragenden, Zweifelnden, Widersprechenden zur Wahrheit führt. Ranke mag damit zugleich reflektieren, daß der Abfassung dieses Textes offenbar wirkliche Gespräche vorangegangen sind, und zwar mit Savigny, dessen Vornamen Friedrich und Carl in den Namen der Rankeschen Gesprächspartner wiederkehren; sehr bemerkenswert ist auch, daß er Carls Verhältnis zu Friedrich mit dem Eckermanns zu Goethe vergleicht. Wir sehen uns ins Berlin des Frühsommers 1836 versetzt; alles ist erfüllt von den politischen Begebenheiten und Problemen der Zeit; das Gespräch findet in diesem Rahmen statt. Der ordengeschmückte Staatsrat Carl kommt von einem glänzenden Fest der »Weltkinder« in die Studierstube des Gelehrten Friedrich, um nach der bloßen Konversation über die politischen »Zeitungen« ein richtiges Gespräch zu haben; es besteht darin, daß Friedrich ihn über die historischen Fundamente der Politik belehrt. Die Situation macht die Dialektik von Historie und Politik anschaulich, auf die es Ranke in der »Historisch-politischen Zeitschrift« ankommt.

Ranke handelt in dieser Szenerie nochmals das Grundproblem und die Grundthese der Zeitschrift ab. Auch hier geht es gegen die polarisierende Sicht der Dinge: gegen den angeblichen »Gegensatz der absoluten und konstitutionellen Monarchien«, gegen die Auffassung, daß »die europäischen Reiche hauptsächlich im Kampfe über innere Einrichtungen in zwei feindselige, einander unaufhörlich bedrohende Hälften zerfallen« seien; Ranke trifft diese Sichtweise auch in den Versuchen zu einer abstrakten Vermittlung der beiden »Extreme«, verfolgt sie bis in die unmittelbaren Kontroversen der damaligen preußisch-deutschen Politik hinein. Dagegen stellt er fest, »daß jener Gegensatz zweier feindseliger Parteien in Europa eigentlich gar nicht bestehe«, daß vielmehr »in jedem unserer großen Staaten ein lebendiges, individuelles, ihnen inwohnendes Prinzip sei, von dem seine Tätigkeit nach außen, seine innere Gestaltung abhange«: das sind die »großen Mächte« des »Fragments« mit ihrem Streben nach Unabhängigkeit, mit ihrer Wechselwirkung von äußerer Politik und innerer Organisation, mit ihrer Aufgabe, »Schöpfungen des Menschengeistes« darzustellen. Anders als in dem früheren Essay gibt Ranke keinen chronologisch geordneten Abriß der neueren europäischen Staatengeschichte, sondern liefert, gemäß der Form des »Gesprächs«, eine diskursive Erörterung, die das Problem von den verschiedensten Seiten her umkreist oder einkreist und damit zu einer systematischen Lösung bringt. Er konzentriert diese Erörterung auf die Auseinandersetzung mit »der allgemeinen Politik«, mit »der leeren Idee des Staates«, »mit dem Begriffe des Staates im allgemeinen«, mit der Lehre vom »besten Staat«, wie ihm das alles in der Naturrechts- und Vertragslehre der Aufklärung und des von Frankreich ausgehenden Liberalismus entgegentritt, und entwickelt daraus eine Kategorienlehre der »echten Politik«, die »eine historische Grundlage haben« müsse; zu seinem geschichtlichen Ansatz gehört, daß er, um seine Position darzulegen, »alle von ihrem Gegenstand getrennte Reflexion« verwirft, sich vielmehr immer im Medium historischer Anschauung bewegt. Die ganze Anlage des Textes hat zur Folge, daß Ranke sich hierbei weitaus ausführlicher als in den »Großen Mächten« über seine politischen Ansichten ausspricht und damit geradezu den anfänglichen Bernstorffschen Erwartungen nahekommt: er äußert sich zur internationalen Politik (realpolitisch), zur Idee eines deutschen Nationalstaats (ablehnend), zur Möglichkeit einer Repräsentativverfassung für Preußen (zurückhaltend oder abweisend). Aber auch hier gilt, daß das mitnichten die Hauptsache ist, daß das vorrangige Interesse Rankes auf Erkenntnis zielt: auf Erkenntnis dessen, was das politische Handeln bedingt, aber nicht präformiert oder antizipiert. Das »Politische Gespräch« gipfelt gegen Ende in einer Definition des »Regierens«, die die Vorbereitung des politischen Handelns durch die Historie mit der Autonomie dieses Handelns selbst verbindet: die Regierung »fordert zugleich die tiefste Einsicht in das Vorhandene und eine vollkommene Freiheit des Geistes, um das noch nicht Vorhandene in das Leben zu führen«.

Was die Stellung des »Politischen Gesprächs« im »Lebenswerk« Rankes betrifft, so erfüllt es eine Funktion, die die der »Großen Mächte« ergänzt. Während diese eine historiographische Gesamtskizze darstellen, sozusagen das Koordinatensystem festlegen, in das jedes Rankesche Einzelwerk eingetragen werden kann, handelt es sich in dem späteren Text um eine Reflexion auf die Prinzipien, auf denen dieses inhaltliche Konzept beruht: um die Theorie seiner Geschichtsschreibung. Ranke erreicht mit dieser Reflexion zugleich die Ebene einer allgemeinen Historik: seine Dialektik von Historie und Politik hat für ihn grundsätzliche Geltung; seine Individualisierung des Staatsbegriffs führt zur Individualisierung der historischen Phänomene überhaupt; seine Methode der historischen Anschauung verweist auf den Gedanken der Immanenz des »Allgemeinen« im »Besonderen« und damit auf den Kern des Rankeschen Historismus. Das alles kommt jeweils auch in anderen Schriften Rankes vor, aber nirgends mit dieser Systematik und in diesem Begründungszusammenhang.

Das »Politische Gespräch«, der letzte Artikel der »Historisch-politischen Zeitschrift«, will die Leser noch besonders darauf einstimmen, daß und warum dieses publizistische Projekt nicht fortgesetzt werden soll. Der Dialog zwischen Carl und Friedrich macht evident, daß das »Weltkind« der Unterweisung durch den Gelehrten und damit die Politik der Beratung durch die Historie bedarf: das ist das Konzept der Zeitschrift, und das bleibt Rankes Überzeugung. Aber es ist signifikant, daß die Politik und die Historie sich hier auf zwei Personen verteilen, die jeweils aus ihrer eigenen Sphäre kommen und nach dem Gespräch in sie zurücktreten oder zurückkehren. Der Sinn ist: die Verbindung von Politik und Historie hat ihre jeweilige Autonomie zur Voraussetzung. Der Sinn ist damit aber auch: ein Historiker tut gut daran, wenn er gegenüber dem politischen Getriebe

Distanz wahrt; seine spezifische politische Kompetenz gerät in Gefahr, wenn er eine unmittelbare politische Rolle zu spielen sucht. Als der Gelehrte das »Weltkind« aus der »Einsamkeit dieser Studierstube« entläßt, verzichtet Ranke auf seine publizistische Wirksamkeit, um sich dorthin zurückzuziehen, wo für einen historischen Ratgeber der Politik allein Platz ist: in die Geschichtsschreibung; der Historiograph Ranke erhofft oder verspricht sich jene politische Wirkung, die dem Herausgeber und Verfasser der »Historisch-politischen Zeitschrift« versagt war.

Wenige Wochen nach dem »Politischen Gespräch«, im November 1836, bestieg Ranke das Katheder, um seine lange verschobene Vorlesung zum Antritt der ihm 1834 verliehenen ordentlichen Professur an der Universität zu Berlin zu halten. Er sprach zu dem Thema »Über die Verwandtschaft und den Unterschied der Historie und der Politik« und zog damit, in den Begriffen einer wissenschaftstheoretischen Abhandlung, die Summe seiner publizistischen Erfahrungen. Die entscheidenden Sätze, die den sachlichen wie den persönlichen Ertrag der »Historisch-politischen Zeitschrift« bezeichnen, lauten: »Demnach ist es die Aufgabe der Historie, das Wesen des Staates aus der Reihe der früheren Begebenheiten darzutun und dasselbe zum Verständnis zu bringen, die der Politik aber nach erfolgtem Verständnis und gewonnener Erkenntnis es weiter zu entwickeln und zu vollenden. Die Kenntnis der Vergangenheit ist unvollkommen ohne Bekanntschaft mit der Gegenwart; ein Verständnis der Gegenwart gibt es nicht ohne Kenntnis der früheren Zeiten. Die eine reicht der andern die Hände: eine kann ohne die andere entweder gar nicht existieren oder doch nicht vollkommen sein« (S. W. 24, S. 288 f.).

Wo steht Ranke mit dieser Position? Zunächst steht er inmitten einer Diskussion, die seine Zeit erfüllt. Die uralte Frage nach Historie und Politik, Vergangenheit und Gegenwart stellte sich seit der Wende vom 18. zum 19. Jahrhundert in Deutschland mit besonderer Intensität: eine bis dahin unerhörte Politisierung des Lebens im Gefolge der Französischen Revolution traf zusammen mit einem exklusiven politischen Anspruch der historistisch gewordenen Geschichtswissenschaft, die dabei war, die herkömmlichen normsetzenden Leitwissenschaften, Theologie und Philosophie, zu verdrängen. Es wurde üblich, daß sich alle politischen Parteien oder Seiten historischer Argumente bedienten. Die Geschichte stieg zur einzigen oder doch vornehmsten Legitimationsinstanz auf. Als Bernstorff eine »Historisch-politische Zeitschrift« plante, konnte er darauf spekulieren, daß das Publikum für diese Kombination empfänglich war; in den gleichen Jahren veröffentlichte Dahlmann seine »Politik, auf den Grund und das Maß der gegebenen Zustände zurückgeführt«: eine allgemeine Staatslehre auf geschichtlicher Grundlage. Im weiteren Verlauf des Jahrhunderts bildete sich, im Umkreis des »rechten« wie des »linken« Liberalismus, eine förmliche politische Schule der deutschen Geschichtswissenschaft. Ranke bewegte sich also durchgängig in einem homogenen Kontext. Freilich gab es von vornherein, angefangen mit der Debatte zwischen Thibaut und Savigny um Recht und Geschichte, verschiedene Standpunkte und verschiedene Erwartungen. Die Rankesche Position gehörte immer zu den umstrittensten. Dem Fiasko der »Historisch-politischen Zeitschrift« folgten die Anfeindungen der »politischen« Historiker von Droysen bis Gervinus und Treitschke, die ihm objektivistische Charakterlosigkeit vorwarfen; in den Kämpfen um Freiheit und Einheit erschien es als sittliche Pflicht, daß die Historie, über die bloße Erkenntnisarbeit hinaus, für die rechte Sache Partei ergriff. Gleichwohl hat sich Rankes Auffassung auf Dauer als ausgesprochen resistent erwiesen; sie galt vielen, in wechselnden Situationen, als unzeitgemäß und konnte damit bis zu einem gewissen Grade zeitlos werden. Sie war, im Zeichen des Historismus, gleichsam die idealtypische Regelung des Problems, die, bei allen noch so scharfen Gegnerschaften, im Grunde niemand in Frage stellte. Wenn man sie kritisierte, dann vor allem aus politisch-psychologischen Gründen: weil sie sich der Festlegung auf die politischen Forderungen, die man selbst propagierte, entzog; weil sie an die historische Vernunft appellierte, als es auf politische Leidenschaft anzukommen schien; weil sie Besonnenheit predigte, als man ungeduldig auf politische Entscheidungen drängte. Ein theoretischer Gegensatz bestand da eigentlich nirgends; mancher Kritiker trat daher auf die Seite Rankes hinüber oder zurück, nachdem jene Gründe im Zuge der allgemeinen Entwicklung hinfällig geworden waren. Seitdem ist die Diskussion über Historie und Politik weitergegangen, auch wenn die Historie ihren Rang als Leitwissenschaft immer mehr eingebüßt haben mag. Wir haben bis in die Gegenwart hinein politische Debatten mit historischen Argumenten erlebt, auch die verschiedensten Grade politischer Zumutungen an die Geschichtswissenschaft: befohlene, erzwungene, freiwillige Partei- und Tendenzhistorie in allen Farben des politischen Spektrums. Es ist nicht zu sehen, daß dabei die Rankesche Dialektik von Historie und Politik als Maßstab und Korrektiv obsolet geworden wäre. Sie steckt in ihren wesentlichen Hinsichten immer noch den Rahmen ab, in dem wir dieses Verhältnis zu erörtern haben: der bis heute anspruchsvollste, schlüssigste, unbequemste Versuch, historische Erkenntnis und politisches Handeln zu verknüpfen – ein Grundgesetz moderner Geschichtswissenschaft überhaupt.

Aber auch das inhaltliche Konzept, das uns in den beiden hier abgedruckten Texten begegnet, verdient unsere Aufmerksamkeit. Es ist ziemlich banal festzustellen, daß sich die politische Lage mittlerweile grundlegend gewandelt hat und daß wir demgemäß heute andere historische Orientierungsbedürfnisse haben. Die politische Lage und die historischen Orientierungsbedürfnisse haben sich freilich schon zu Rankes Lebzeiten und danach fortgesetzt geändert: dennoch hielten bestimmte im Wechsel der Verhältnisse konstatierbare Grundstrukturen ein Interesse daran wach, sich mit Rankes Sicht der Dinge auseinanderzusetzen, in vergleichender Betrachtung Kontinuitäten und Differenzen zu bestimmen; wir haben eingangs solche Motive, von Meinecke bis zu Iggers, angedeutet. Wir sind in den letzten Jahren Zeugen, Betroffene, Mithandelnde einer weltpolitischen Epochenwende geworden: ein Zeitalter ideologischer Blockbildung hat sein Ende gefunden; der deutsche Nationalstaat ist wiedererstanden, ein allgemeiner staatlich-nationaler Differenzierungsprozeß in Gang gekommen, der vielerorts schon erledigt geglaubte oder sogar vergessene Konflikte erneuert hat; wir sehen uns in einer komplizierter gewordenen Weltlage, der unser bisheriges Wahrnehmungsvermögen nicht genügt. Es ist offensichtlich, daß dabei zuvörderst historische Aufklärung not tut; denn alle diese neuen Phänomene, die uns herausfordern oder bedrängen, sind Ergebnisse der Geschichte und daher nur aus ihrer Entstehung heraus zu begreifen. Es ist weiterhin offensichtlich, daß dabei wiederum die ganze Vielfalt historisch gewachsener Staateninteressen in unseren Blick geraten muß, die in der »Weltbürgerkriegssituation« der verflossenen Jahrzehnte unterdrückt, relativiert, verkannt waren. Ganz gleich, wie wir schließlich mit dieser aus der Vergangenheit überkommenen Realität politisch umgehen: wir finden sie nun einmal als nicht rückgängig zu machende Grundlage unseres Handelns vor, und wir haben sie daher zunächst möglichst genau zur Kenntnis zu nehmen. Keine »Schulmeinung« darf uns »die Wahrheit der Dinge« verstellen.

Zum Schluß noch eine Bemerkung zu dieser Ausgabe: Geboten wird jeweils der ursprüngliche Text; die orthographische Normalisierung folgt den Richtlinien des Deutschen Klassiker Verlags, die die möglichst weitgehende Bewahrung der originalen Sprach-, Schreib- und Interpunktionsformen erstreben. Vorlage für die »Großen Mächte« ist der Erstdruck (Historisch-politische Zeitschrift, Bd. 2, H. 1, August 1833, Berlin 1833-1836). Der Wiederabdruck in den »Sämtlichen Werken« (S. W. 24, 1872) entspricht, wie schon erwähnt, dem Original nicht durchgängig. Ranke gibt einleitend über sein Verfahren Auskunft: »Bei dem Wiederabdruck dieser Abhandlung, die zuerst 1833 in meiner historisch-politischen Zeitschrift zu Anfang des zweiten Bandes erschien, wiederhole ich die Bemerkung, die ich Bd. VII. S. 4 der Sämtlichen Werke gemacht habe. Beide Abhandlungen, auf den bis dahin gemachten Studien beruhend, waren zugleich Programme für künftige. Nachdem diese wiewohl nicht in dem ganzen Umfang, der hier angedeutet war, aber doch großenteils vollzogen worden sind, wäre es untunlich, nach den Resultaten derselben die ersten Entwürfe umzugestalten. Ich würde damit etwas zerstören, was bereits vorlängst Eingang und, soviel mir bekannt geworden ist, gute Aufnahme gefunden hat; und selbst der wissenschaftlichen Literargeschichte Eintrag tun; nur habe ich mir hie und da kleine stilistische Verbesserungen erlaubt, die den Sinn nicht verändern. Doch hielt ich für geboten am Schlusse einige Sätze wegzulassen, die dem Streite des Momentes, in dem der Aufsatz erschien, angehören« (ebd., S. 3); an der zitierten Stelle heißt es zum Wiederabdruck der Abhandlung »Über die Zeiten Ferdinands I. und Maximilians II.« (zuerst Historisch-politische Zeitschrift, Bd. 1, H. 2, Juli 1832, Hamburg 1832): »Die vorliegende Abhandlung, eigentlich die erste Arbeit aus den auf meiner italienischen Reise für die allgemeine Geschichte gesammelten Materialien, erschien bereits 1832 in der historisch-politischen Zeitschrift (Bd. I); sie ist früher als die Geschichte der Päpste und der Reformation geschrieben. Sie könnte aus diesen Werken und auch aus anderweit dargebotener Kunde vielfach erweitert werden; aber ich ziehe es vor, sie in ihrer ursprünglichen Gestalt, in der sie eine gute Aufnahme fand, zu lassen. Sie bleibe zugleich ein Denkmal jener Jahre« (S. W. 7, 1868, S. 4). Gewiß gilt, daß nicht nur die stilistischen Korrekturen, sondern auch die Kürzungen »den Sinn nicht verändern«; aber indem Ranke sich »dem Streite des Momentes« entzieht, wird die Ausgangslage und damit das Problem des Artikels wie der darauf gegründeten »künftigen Studien« weniger deutlich. Andererseits verbietet es sich, die von Dove nachgetragenen Sätze (S. W. 49/50, 1887, S. 74 ff.) einfach in diesen Text einzufügen. Es ist daher unumgänglich, daß wir uns hier an die Erstfassung halten. Die Kürzungen von 1872 sind im Stellenkommentar kenntlich gemacht; auf den Nachweis der stilistischen Korrekturen wurde verzichtet. Vorlage für das »Politische Gespräch« ist der Wiederabdruck in den »Sämtlichen Werken« (S. W. 49/50, 1887), der »die getreue Wiedergabe der alten Textgestalt« (ebd., S. VI) aus der »Historisch-politischen Zeitschrift« (Bd. 2, H. 4, August 1836) und zugleich, gemäß den orthographischen Prinzipien der »Sämtlichen Werke«, eine weithin modernisierte Schreibweise bietet.

Sinn des Stellenkommentars kann es nicht sein, eine fortlaufende Interpretation zu geben; nur an einzelnen Stellen mag der Versuch einer begrifflichen Präzisierung gerechtfertigt sein. Verfolgt werden drei Ziele. Das erste ist die Erläuterung von Namen und Daten; ein Anspruch auf lexikalische Vollständigkeit liegt dabei naturgemäß ganz fern. Das zweite Ziel ist der möglichste Nachweis der von Ranke genannten Quellen: es geht darum, die Rankeschen Angaben zu präzisieren, die zitierten Autoren und Schriften kurz vorzustellen und die Textstellen anzuführen, auf die sich Ranke bezieht; man kann daraus ersehen, welche Informationsfülle, gerade auch aus gedruckten Werken, Ranke vorliegt und wie er aus diesem Material das für seine Argumentation Wesentliche, und sei es ein charakterisierendes oder illustrierendes Detail, herausholt. Schließlich handelt es sich darum, wichtige Parallelstellen aus anderen Schriften Rankes mitzuteilen.

Die Zeittafel dient der äußeren Orientierung über Leben und Werk Rankes. Die Bibliographischen Hinweise sollen nicht nur diese Ausgabe dokumentieren, sondern auch Anregungen für weitere Lektüre geben; dort verzeichnete Titel werden im Nachwort und im Stellenkommentar jeweils abgekürzt zitiert.

Dieses Buch ist im Rahmen eines größeren Ranke-Editionsprojektes entstanden. Mein herzlicher Dank gilt allen, die mich dabei bisher unterstützt haben: Frau Barbara Wolbring und Herrn Johannes Süßmann für ihre Hilfe bei der Zusammenstellung und orthographischen Bearbeitung aller für das Projekt benötigten Texte; Frau Ozana Šponar und Herrn Christian Mehr, die für diese Ausgabe Bücher besorgt, Informationen beschafft und an der Fahnenkorrektur mitgewirkt haben; Frau Helga Schwuchow für ihre genauen Abschriften. Besonders habe ich Herrn Dr. Gerrit Walther für manche förderliche Anteilnahme zu danken.

Ulrich Muhlack

Stellenkommentar

11-12 *Ohne Zweifel ... Ansicht ihrer Einheit:* Dazu die klassische Formulierung Rankes in den »Epochen der neueren Geschichte« (1854): »Ich aber behaupte: jede Epoche ist unmittelbar zu Gott, und ihr Wert beruht gar nicht auf dem, was aus ihr hervorgeht, sondern in ihrer Existenz selbst, in ihrem Eigenen selbst. Dadurch bekommt die Betrachtung der Historie, und zwar des individuellen Lebens in der Historie, einen ganz eigentümlichen Reiz, indem nun jede Epoche als etwas für sich Gültiges angesehen werden muß und der Betrachtung höchst würdig erscheint... Wenn nun aber auch jede Epoche an und für sich ihre Berechtigung und ihren Wert hat, so darf doch nicht übersehen werden, was aus ihr hervorging... die innere Notwendigkeit der Aufeinanderfolge...« (W. u. N. 2, S. 59 ff.).

13 *Die Zeit Ludwigs XIV:* Ausführung dieser Skizze in den einschlägigen Kapiteln der »Französischen Geschichte« (1852-1861, S. W. 8-13).
innere Kriege: Religionskriege 1562-1598.
Heinrich IV: (1553-1610), seit 1589 König von Frankreich.
indem es ... besiegte: Die Siege Frankreichs im Dreißigjährigen Krieg.

14* *Salvandy:* Narcisse Achille, Graf von Salvandy (1795-1856), französischer Staatsmann und Schriftsteller; seine Abhandlung über die Julirevolution (1831) erscheint in der Rezension zeitgenössischer französischer Flugschriften, die Ranke 1832 in seiner Zeitschrift veröffentlicht, als Vorbild politischer Publizistik: Salvandy ist »voll von Abscheu vor beiderlei Despotismus, dem eines Einzigen wie dem der Menge«: »Seine Hauptabsicht ist, den Zustand der Dinge, den Erfolg der Bewegungen seit dem Juli darzulegen. Hat er etwas zu verfechten, so verficht er es mit der Augenscheinlichkeit dieser Tatsachen«: »Wenn es das Lob einer

Schrift ist, daß man den Autor über den Inhalt vergißt, so verdient diese Schrift ein solches Lob in vollem Maße. Die Tatsachen reden. Man sieht die gegenwärtige Begebenheit in ihrem reißenden, unaufhaltsamen Zuge« (S. W. 49/50, S. 126f. u. 132). Die von Ranke angeführte »Histoire de Pologne avant et sous le roi Jean Sobiesky« (2 Bde., Paris 1827-1829) dient der Heroisierung Sobieskis (s. u. S. 145), der Glorifizierung Polens und dem Preis der französisch-polnischen Freundschaft, nicht ohne vor den Mängeln der alten polnischen Verfassung, den Folgen »einer ungeordneten wilden Freiheitsliebe« (S. W. 49/50, S. 126), zu warnen; hier benutzt nach der 3bdg.n Ausgabe Paris 1829: das Zitat Bd. 2, S. 439.

14 *Karls II:* Karl II. (1630-1685), seit 1660 König von England.

14** *Voltaire:* Er wird hier mit seinem berühmtesten Geschichtswerk (2 Bde., Berlin 1751), dem Muster einer Kulturgeschichte im Stile der Aufklärung, zitiert: »Dans l'année 1681 il se trouve cent quatre-vingt-dix-huit vaisseaux de guerre, en comptant les allèges; et trente galères sont dans le port de Toulon ou armées ou prêtes à l'être« (Siècle de Louis XIV, Bd. 3, Gotha 1791, S. 140; vielleicht die von Ranke benutzte Ausgabe).

Relation Contarini's: Domenico Contarini (1642-1696), venezianischer Diplomat, 1676-1679 Gesandter in Frankreich. Gemeint ist der Bericht, den er 1680 nach seiner Rückkehr aus Paris abfaßte; Ranke teilt den Inhalt dieser »Relatione de Sir Domenico Contarini ritornato dell'Ambasciaria di Francia nel 1680« mit ausgewählten Zitaten im Quellenanhang seiner »Französischen Geschichte« mit (S. W. 12, S. 307ff.). Ranke stieß zuerst 1824/25 in der Königlichen Bibliothek zu Berlin auf venezianische Relationen; der Gewinn an authentischer Information, den er daraus zog, war der wichtigste Grund für seine Reise nach Wien und Italien, wo die Hauptmasse dieses Materials lag; die »Großen Mächte« gehören zu den ersten Texten, in denen er die dort gehobenen Schätze ausbeutete. Ranke gibt in der Vorrede zum ersten Band der »Fürsten und Völker von Süd-Europa im sechzehnten und siebzehnten Jahrhundert« (1827), der aus seinen Berliner Studien hervorgegangen ist, eine zusammenfassende Charakteristik: »Häufig zwischen zwei Parteien in der Mitte, mit der halben Welt in Verhältnissen, nicht allein der Politik, sondern vornehmlich des Gewerbes, des Handels; nicht stark genug, um ganz auf eigener Kraft zu ruhen, nicht so schwach, um untätig abwarten zu müssen, was von Anderen geschehen werde, hatte Venedig Anlaß genug, seine Augen nach allen Seiten zu richten und allenthalben Verbindungen anzuknüpfen. Es schickte oft seine erfahrensten und gewandtesten Bürger an fremde Höfe. Mit den Schreiben über die laufenden Geschäfte, welche dieselben in der Regel alle vierzehn Tage nach Haus sandten, war man hier noch nicht zufrieden, sondern wenn der Ambassador nach zwei oder drei Jahren zurückkam, mußte er über Hof und Land, die er besucht, ausführlichen Bericht erstatten ... Er bemühte sich, die Persönlichkeit des Fürsten, bei dem er gewesen war, seinen Hof und seine Minister, den Stand seiner Finanzen, seiner Kriegsmacht, seiner ganzen Verwaltung, die Gesinnung seiner Untertanen, endlich sein Verhältnis wie zu anderen Staaten, so besonders zu Venedig darzustellen«; die Berichte haben immer »in Gang und Inhalt die Frische der eigenen Beobachtung«: »man sieht leicht, wie eine auf einander folgende Reihe ähnlicher Berichte für uns unmittelbar Historie werden müßte: und zwar eine, wie wir sie suchen, nicht sowohl einzelner Ereignisse, als der Zustände und der inneren Entwickelung« (S. W. 35/36, S. VI-VIII). Alle Materialien befinden sich in der Syracuse University, New York, die 1887 Rankes Privatbibliothek erwarb; Katalogisierung in: Edward Muir, The Leopold von Ranke Manuscript Collection of Syracuse University. The Complete Catalogue, Syracuse/New York 1983.

14 *Schweden:* Schweden sollte Frankreich durch einen Vorstoß nach Brandenburg Entlastung im holländischen Krieg bringen, den Ludwig XIV. 1672 durch einen Angriff auf die niederländische Republik eröffnet hatte.

15 *Die Erhebung Johann Sobieski's:* Johann Sobieski (1624-1696), aus polnischem Adelsgeschlecht, wurde 1674 nach einem Sieg über die Türken als Johann III. zum König von Polen gewählt: »Louis prenant acte de cette élection comme d'une nouvelle victoire, fit publier une feuille officielle: ›... Voilà comment Sa Majesté triomphe partout ...‹« (Salvandy, Histoire de Pologne, Bd. 2, S. 261 f.).

Königin: Maria Kasimira (1646-1716), Tochter des Marquis Heinrich d'Arquien.
die ungarischen Mißvergnügten: Eine gegen die habsburgische Herrschaft opponierende Adelspartei in Ungarn.

15* *Mémoires du comte Betlem Niclos:* Niklos Betlem (1642-1716), siebenbürgischer Staatsmann und Schriftsteller; Mémoires historiques du comte Betlem Niklos. Contenant en particulier l'Histoire des Troubles de Transsilvanie, in: Histoire des Révolutions de Hongrie, où l'on donne une idée juste de son légitime gouvernement, Bd. 6, Den Haag 1739 (Sammelwerk zur ungarischen Geschichte). Der Verfasser, Gegner Österreichs und Freund Frankreichs, erzählt in dieser zuerst Amsterdam 1736 veröffentlichten Schrift, nicht ohne seine Rolle als Sprößling eines »des plus illustres & des plus considérables« Häuser des Landes (S. 94) hervorzuheben, die Geschichte seiner Heimat von 1659 bis zum Frieden von Rijswijk 1697, der die seit 1686 bestehende »domination de l'Empereur« (S. 380) bestätigt; er entspricht damit der »mißvergnügten« Tendenz der »Histoire« insgesamt. Ranke zitiert aus Betlems Darstellung der Jahre 1675/77: »Louis le Grand« (S. 273) schickt damals einen außerordentlichen Botschafter an den Hof des Königs von Polen, der, im Einvernehmen mit diesem und dem Fürsten von Siebenbürgen, »une diversion considérable en Hongrie par le moyen des Mécontens« (S. 275) ins Werk setzen soll, um den Kaiser, Hauptgegner Frankreichs im holländischen Krieg, zu einer Zersplitterung seiner Kräfte zu nötigen.

15 *Diwan:* Staatskanzlei des osmanischen Reiches.
Tatarchan: Der Herrscher der Krimtataren.
Contarini: S. o. S. 144.
der Kurfürst von Cöln: Maximilian Heinrich (1621-1688), seit 1650 Kurfürst von Köln; die von ihm zugestandene Besetzung der Festung Neuß und anderer Plätze in Kurköln durch französische Truppen geschah 1671/72 im Zusammenhang mit der militärisch-diplomatischen Vorbereitung des holländischen Krieges.

16* *Flassan Diplomatie française:* Gaetan de Raxis de Flassan (1770-1845), französischer Diplomat und Historiker; Histoire générale et raisonnée de la diplomatie française ou de la politique de la France depuis la fondation de la monarchie jusqu'au 10 aout 1792,

6 Bde., Paris 1808: Ranke zitiert die 7bdg.e Ausgabe Paris 1811 (Bd. 3, S. 400f.). Er stellt dieses Werk, eine Ereignisgeschichte der französischen Außenpolitik mit Auszügen aus den von Frankreich abgeschlossenen Verträgen, in seiner Vorlesung über »Neuere Geschichte« vom Wintersemester 1833/34, wie folgt, vor: »Napoleon, noch als Konsul, wünschte einst eine solche Geschichte. Flassan, der gerade mit einer solchen beschäftigt war, ward dadurch noch besonders ermutigt, sie zu beschleunigen. In den früheren Zeiten von keiner Bedeutung; von Louis XIV. an, auf den er schon im dritten Bande kommt, recht brauchbar. Er geht bis 1792. Der Verfasser hatte Zutritt zu vielen handschriftlichen Quellen. Man muß anerkennen, daß er der Gewalt niemals das Wort redet, eine Universalmonarchie nicht empfiehlt, auch Treue und Glauben wünscht. Übrigens aber entspricht das Buch weder seinem Gegenstande noch seinem Rufe« (W. u. N. 4, S. 116).

16 *Tagsatzungen:* Die Tagsatzung war der jährlich abgehaltene Gesandtenkongreß der Schweizer Kantone.

Pinarolo: Die bis dahin zum Herzogtum Savoyen gehörige Festung wurde 1630 französisch.

Casale: Die Festung gehörte bis 1681 zur Markgrafschaft Montferrat, die mit dem Herzogtum Mantua verbunden war.

16** *Foscarini dell'historia Veneta:* Michele Foscarini (1632-1692), venezianischer Staatsmann und Schriftsteller, 1678 Historiograph der Republik; Istoria della Republica Veneta, Venedig 1696: Geschichte Venedigs 1669-1690. Foscarini, der die französische Besetzung von Casale zum bemerkenswertesten Ereignis des Jahres 1681 erklärt, gibt davon eine bis ins einzelne gehende Erzählung (Ausgabe Venedig 1722, S. 87ff.), die Ranke hier in wenige Worte zusammenzieht.

16 *mit dem Herzoge von Mantua:* Karl IV. (1652-1708), Herzog seit 1665/69.

Herzogin von Savoyen: Maria Johanna von Savoyen-Nemours, Gemahlin des Herzogs Karl Emanuel II. von Savoyen, nach dessen Tod 1675 Regentin bis zur Volljährigkeit des neuen Herzogs Viktor Amadeus II.

Königin von Portugal: Maria Franziska Elisabeth von Savoyen-Nemours (1646-1683), 1666 mit Alfons VI. von Portugal und 1668, nach dessen Sturz und der Annullierung dieser Ehe, mit dessen Bruder und Nachfolger Pedro II. verheiratet.

16*** *Contarini:* S. o. S. 144.

16 *Kardinal d'Etrées:* César, Kardinal von Estrées (1628-1714), französischer Prälat und Diplomat, handelte 1665/66 in Savoyen und Portugal die Heiraten der beiden »Französinnen« aus, auf die er seitdem politischen Einfluß ausübte.

daß man gesagt hat: Auskünfte über den Kardinal lagen Ranke in einer venezianischen Relation von 1689 vor (S. W. 12, S. 316).

17 *Der junge König ... Prinzessin:* Karl II. von Spanien (1661-1700, König seit 1665) war in erster Ehe mit Maria Luise (1662-1689), einer Tochter des Herzogs Philipp von Orléans, des Bruders Ludwigs XIV., verheiratet.

der zweite Don Juan d'Austria: Don Juan José de Austria (1629-1679), natürlicher Sohn des Königs Philipp IV. von Spanien, spanischer Feldherr und Staatsmann, seit 1675 Premierminister. Der erste Don Juan d'Austria (1547-1578), natürlicher Sohn Kaiser Karls V., war Feldherr unter Philipp II. von Spanien.

des Hofkriegsrats: Österreichische Zentralbehörde für Krieg und Heeresverwaltung.

Montecuculi: Raimund, Graf von Montecuccoli (1609-1681), österreichischer Feldherr, 1668 Präsident des Hofkriegsrats.

17* *Pufendorf:* Samuel Pufendorf (1632-1694), deutscher Rechtsgelehrter und Historiker, 1686 brandenburgischer Hofhistoriograph; De rebus gestis Friderici Wilhelmi Magni, Electoris Brandenburgici, Commentariorum libri XIX, Berlin 1695. Die aus brandenburgischen Archivalien gearbeitete außenpolitische Geschichte des Großen Kurfürsten, die bis zu Droysens »Geschichte der preußischen Politik« (1855 ff.) maßgebliche Darstellung dieses Gegenstandes, die Ranke noch in der zweiten Ausgabe seiner »Preußischen Geschichte« ([1]1847/48, [2]1874, S. W. 25/26-29) als »mit furchtloser Wahrheitsliebe« geschrieben rühmt (S. W. 25/26, S. 454) und benutzt, war durch die weitverzweigte Darlegung der »Verhandlungen mit dem Ausland« (ebd., S. VII) zugleich eine Fundgrube zur Geschichte des europäischen Staatensystems insgesamt. An der zitierten Stelle heißt es über die kaiserliche Kriegführung im Herbst 1674: »Sane tanta tunc Viennae erat secretorum proditio, ut Montecuculus superiore anno Caesari scriberet: satius fore, ut cursores non ad se, sed recta Lutetiam tendant« (Buch XII, § 51, S. 929). In Rankes Vorlesung »Neuere Geschichte« vom Wintersemester 1833/34 figuriert Pufendorf mit seiner »Einleitung zu der Historie der vornehmsten Reiche und Staaten« (1682) »als der Erste«, der »die Staatengeschichte«, die Historiographie über die europäischen Staaten und ihre wechselseitigen Beziehungen, »erweckte« (W. u. N. 4, S. 112 u. 114).

17 *Vereinigung der mannigfaltigsten Beweggründe:* Karl II. war Ludwig XIV. durch seine höfisch-absolutistischen und katholischen Neigungen verbunden und empfing von ihm Geld.

independent: Name einer englischen Dissenterpartei, die die Kirche auf die Unabhängigkeit der einzelnen Gemeinden gründen wollte und radikal republikanisch-demokratisch eingestellt war.

18 *der französische Gesandte Barillon:* Paul Barillon (1630-1691), französischer Diplomat, 1677-1689 Gesandter in England; Ranke sagt von ihm in der »Englischen Geschichte« (1859-1868, S. W. 14-22): »Barillons Stärke bestand in seinem Zusammenhang mit allen Parteien und in der Anwendung von Mitteln jeder Art; seinem Hof berichtet er davon mit der Unbefangenheit eines Mannes, welcher recht zu tun meint, und sich der guten Dienste bewußt ist, die er leistet« (S. W. 18, S. 276).

18* *Dalrymple:* Sir John Dalrymple (1726-1810), schottischer Schriftsteller; Memoirs of Great Britain and Ireland from the Dissolution of the last Parliament of Charles II until the Sea Battle of La Hogue, 3 Bde., London 1771 (^{2}1790: till the Capture of the French and Spanish Fleets at Vigo): Geschichte Großbritanniens und Irlands 1681-1692 (^{2}1702), die durch die Enthüllung der »intrigues« Barillons »with the popular party and with the King« (^{2}Bd. 1, S. 355), mit Karl II. wie mit der gegen ihn opponierenden Parlamentsmehrheit Sensation machte. Die deutsche Übersetzung: Geschichte von Großbritannien und Irland unter der Regierung Jacobs II. und Wilhelms I. Aus dem Englischen übersetzt von Johann Georg Müller, 4 Bde., Winterthur 1793-1795; Johann Georg Müller (1759-1819) war ein Bruder des Historikers Johannes von Müller. Ranke zitiert aus einer Depesche Barillons vom 5. Dezember 1680: »All I said did not persuade Mr. Montagu, but the money I paid him by your Majesty's order makes his mind very easy« (ebd., S. 356); der französische Text liegt ihm bei Flassan vor (Histoire générale, Bd. 4, S. 13 ff., das Zitat S. 15).

18 *Barillon sagt ausdrücklich:* Depesche vom 5. Dezember 1680: »I see what your Majesty has most at heart is to prevent England from being re-united by an accomodation between his Britannic Majesty and his parliament« (Dalrymple, Memoirs, Bd. 1, S. 359 u. Flassan, Histoire générale, Bd. 4, S. 18).

wie ein Venezianer sagt: Sebastiano Foscarini, venezianischer Diplomat, 1679-1683 Gesandter in Frankreich. Ranke zitiert aus der Relation vom 22. März 1684, die er ebenfalls später im Quellenanhang zur »Französischen Geschichte« auszugsweise mitteilt (S. W. 12, S. 309 ff.): Foscarini nennt hier Europa angesichts der Reunionspolitik Ludwigs XIV. (s. u.) »un cadavere senza fiele, senza cuore, senza forza« (ebd., S. 316).

Parlamentsräte zu Metz: Mitglieder des obersten Gerichtshofes zu Metz; fast alle obersten Gerichtshöfe im alten Frankreich hießen Parlamente.

Reunionskammern: Diese 1679/80 bei den obersten Gerichtshöfen von Metz, Breisach, Besançon und Tournai eingerichteten Kammern sollten die Reunion oder Wiedervereinigung aller Gebiete mit Frankreich verfügen, die irgendwann einmal zu den seit 1648 französisch gewordenen Territorien gehört hatten. Sie waren gleichermaßen Ankläger und Richter und entschieden immer im Sinne des Königs von Frankreich; nachdem ihre Urteile ergangen waren, nahm die französische Armee, mitten im Frieden und ohne auf Widerstand zu stoßen, die strittigen Gebiete in Besitz. Ranke widmet diesen Vorgängen in der »Französischen Geschichte« »ein Wort parteiloser Erörterung«: »Es erweckt ein peinliches Gefühl, zur Rechtfertigung einer beabsichtigten Gewalttat nach Rechtsgrundsätzen suchen zu sehen, welche allem Rechte Hohn sprechen« (S. W. 10, S. 331 u. 343). Der Höhepunkt dieser Politik war die Annexion Straßburgs im September 1681, für die es noch nicht einmal den Schein einer rechtlichen Begründung gab: »Die Huldigung einer freien Stadt, die seit unvordenklicher Zeit ihre Freiheit unter dem Schutze des deutschen Reichs genossen hatte!« (ebd., S. 338). Wenige Jahre später erlebte Ranke die Rückkehr Straßburgs und des ganzen Elsaß als Wiedergutmachung dieses Unrechts. Als er im Oktober 1870 in Wien Thiers, den präsumtiven französischen Ministerpräsidenten, traf, suchte er ihm zu verdeutlichen, »daß der Krieg nicht mehr gegen Napoleon gerichtet sei, der sich ja in Gefangenschaft befinde, noch auch gegen Frankreich an und für sich, das wir in einer gewissen Größe zu sehen wünschten, als gegen die Politik Ludwigs XIV., der einst einen Zeitmoment der Schwäche des deutschen Reiches benutzte, um nicht allein ohne Recht, sondern selbst ohne Anspruch Straßburg unseren Händen zu entwinden«: »›Ihr müßt wissen, daß dieses Unrecht nie vergessen worden ist, daß es die deutsche Nation noch heute, wenn nicht zur Rache, denn das liegt uns fern, doch zu einer Gegenwirkung entflammt. Laßt uns das alte Unrecht gut machen . . . ‹« (W. u. N. 1, S. 405).

19 *Young:* Arthur Young (1741-1820), englischer Schriftsteller; Travels during the Years 1787, 1788, and 1789; undertaken more particularly with a View of ascertaining the Cultivation, Wealth, Resources, and National Prosperity of the Kingdom of France, 2 Bde., London 1792-1794: Reisebeschreibung im Wechsel von Tagebuchnotizen und systematischen Analysen, in der es vor allem um eine ökonomische Bestandsaufnahme geht. Young sagt an der angeführten Stelle: »Looking at a map of France, and reading histories of Louis XIV. never threw his conquest or seizure of Alsace into the same light, which travelling into it did: to cross a great range of mountains; to enter a level plain, inhabited by a people totally distinct and different, made an impression of the injustice and ambition of such a conduct, much more forcible then ever reading had done: so much more powerful are things than words« (Bd. 1, [2]London 1794, S. 153 f.).

Stillstand: Der Regensburger Waffenstillstand von 1684, in dem das Reich Ludwig XIV. für 20 Jahre den ungestörten Besitz aller bis 1681 vollzogenen Reunionen zusprach: »Damals aber machte das Übergewicht von Frankreich jede Weigerung unmöglich« (S. W. 10, S. 356).

Genua: Ludwig XIV. ließ im Mai 1684 Genua durch eine französische Flotte mehrere Tage lang beschießen, um sich die Stadt, die ihn durch ihre unabhängige Politik beleidigt hatte, botmäßig zu machen: »Denn dahin ging allemal und vor Allem der Sinn Ludwigs XIV, nicht den Schatten einer Beleidigung zu dulden. Den politischen Anspruch, den er zu haben, die Rache, zu der er befugt zu sein glaubte, führte er mit unbedingter, rücksichtsloser Gewaltsamkeit durch. Ein Recht Anderer erkannte er nicht an. Dahin hatte sich nun diese zugleich durch innere und äußere Siege emporgestiegene monarchische Gewalt entwickelt. Die Welt war in Schrecken gefesselt« (S. W. 10, S. 358).

Rom: Papst Innocenz XI. hatte die Anerkennung neuer Gesandter in Rom davon abhängig gemacht, daß diese auf das bisherige extensive Asylrecht der Gesandtschaften verzichteten. Ludwig XIV. setzte sich darüber hinweg, indem er im November 1687 einen neuen französischen Botschafter ohne eine solche Erklärung mit militärischer Begleitung in Rom einziehen ließ.

Zweibrücken: Das Fürstentum Pfalz-Zweibrücken, durch Erbrecht im Besitz des Königs Karl XI. von Schweden (1655-1697, König seit 1660), fiel 1681 im Zuge der Reunionen an Frankreich.

sein Admiral beschoß Chios: Abraham, Marquis Duquesne (1610-1688) ließ die türkische Ägäisinsel 1681, während einer Strafaktion gegen die Seeräuberstaaten Tunis, Algier und Tripolis, bombardieren, nachdem sich der türkische Kommandant geweigert hatte, dorthin geflüchtete tripolitanische Korsaren auszuliefern.

19* *Anderson:* Adam Anderson (1692-1765), britischer Historiker; Historische und chronologische Geschichte des Handels von den ältesten bis auf jezzige Zeiten, 7 Bde., Riga 1773-1779 (Originalausgabe London 1764): allgemeine Handelsgeschichte mit Schwerpunkt auf der neueren britischen Kolonialgeschichte. Ranke zitiert eine Notiz zum Jahre 1686: »In eben diesem J. 1686 rückten die Franzosen, ob sie gleich in Europa mit England Frieden hatten, aus Canada zu Lande an, und überrumpelten viere von den Forts der Hudsonsbucht Gesellschaft, so daß den Engländern nur das Fort zu Port-Nelson übrig blieb. Und dies ist das erstemal, daß die Franzosen den Weg von Canada nach dieser Bucht zu Lande fanden« (Bd. 6, S. 138 f.); die seit 1670 bestehende britische Hudsonbaikompanie, die im Umkreis der Hudsonbai ein merkantiles und politisches Monopol beanspruchte, hatte ihr Territorium gegen Kanada durch eine Kette von militärischen Stützpunkten gesichert.

19 *Jener Königin von Polen ... ihres Ehrgeizes:* Ludwig XIV. brüskierte Maria Kasimira (s. o. S. 146), indem er sich weigerte, ihr in einer Geldsache beizustehen: »Louis ne pouvait se résoudre à donner les plus légitimes contentemens à l'orgueil de Marie Casimire« (Salvandy, Histoire de Pologne, Bd. 2, S. 401).

19-20 *einem seiner auswärtigen Minister:* Simon Arnauld, Marquis de Pomponne (1618-1699), 1671-1679 und dann wieder seit 1691 französischer Außenminister.

20* *Voltaire:* Das Zitat findet sich in einer von Voltaire mitgeteilten Denkschrift Ludwigs XIV.: »Enfin il a fallu que je lui ordonne de se retirer, parce que tout ce qui passait par lui perdait de la grandeur et de la force qu'on doit avoir en exécutant les ordres d'un roi de France« (Voltaire, Le siècle, Bd. 3, S. 101; s. o. S. 144).

Flassan: S. o. S. 146f. Hier heißt es nach einem »Mém. manuscr. de Louis XIV, au dépôt des manuscr. de la biblioth. impér.«: »Enfin, il a fallu que je lui ordonne de se retirer, parce que tout ce qui passait par lui perdait de la grandeur, de la force qu'on doit avoir, en exécutant les ordres d'un roi de France qui n'est pas malheureux« (Bd. 3, S. 472f.): das ist der Satz, den Ranke übersetzt.

Lemontey: Pierre-Edouard Lemontey (1762-1826), französischer Historiker und Publizist; Essai sur l'établissement monarchique de Louis XIV, et sur les altérations qu'il éprouva pendant la vie de ce prince, Paris 1818 (auch: Œuvres, Bd. 5, Paris 1829): der Autor will nachweisen, daß die Krise der absoluten Monarchie in Frankreich im 18. Jahrhundert von der Hinterlassenschaft Ludwigs XIV. herrühre. Lemontey zitiert die fragliche »Stelle« aus den 1806 erschienenen »Œuvres« Ludwigs XIV. (Œuvres, Bd. 5, S. 82); der Wortlaut entspricht dem bei Flassan.

21 *juridische:* Das bezieht sich auf die Verwissenschaftlichung des Völkerrechts, die die Entstehung des frühneuzeitlichen europäischen Staatensystems begleitete.

das Diktionär der Akademie: Die 1635 unter Richelieu als Privatverein gegründete, 1671 von Colbert verstaatlichte »Académie française«, zur Pflege der französischen Sprache und Literatur bestimmt, arbeitete bis 1695 das »Dictionnaire de l'Académie« aus, das alle Wörter der französischen Sprache erfassen sollte.

22* *Rühs:* Christian Friedrich Rühs (1781-1820), deutscher Historiker, seit 1810 Professor an der Universität zu Berlin; Historische Entwickelung des Einflusses Frankreichs und der Franzosen auf Deutschland und die Deutschen, Berlin 1815: Pamphlet über französische »Herrschsucht und Unterjochung« (S. XI). Rühs referiert S. 234 eine deutsche »Flugschrift« vom Jahre 1674, die die »französische geheime Rathsstube« vorführt: »Es ist und bleibt wahr, heißt es, daß die Deutschen plumpe Leute sind: sie stehen sich selbst vor dem Licht, daß sie nicht unserm Könige sich submittiren wollen, welcher doch unter allen der Würdigste, daß die ganze Welt von seiner Tapferkeit und Verstand regiert und in rechte Einigkeit gebracht werde: sie wollen lieber arme Sklaven ihrer Freiheit seyn, als unter eines Königs Guberno reiche Herren werden, der für keine Kriegsvölker hinführo zu sorgen hätte; sie würden von allen dergleichen Beschwernissen, die sie für ihre landesherrliche Obrigkeit ertragen, befreit, und in den glücklichen Zustand der schutzreichen Unterthänigkeit, wie wir andern Franzosen, gebracht werden. Es wird ferner recht gut auseinandergesetzt, wie man das Reich trennen, die Fürsten beschäftigen, bedrohen, ängstigen und von Oestreich abziehn soll: will alles nicht helfen, so muß man den großen Kettenhund in Constantinopel loslassen und auf den Kaiser in Ungarn hetzen.«

22 *Stuarts:* Der Könige Karl II. und Jakob II. (seit 1685) aus dem Hause Stuart.

Frieden von Nimwegen: Der 1678/79 abgeschlossene Friede von Nimwegen beendete den 1672 begonnenen holländischen Krieg.

Wahl eines römischen Königs: Wahl eines Nachfolgers des römisch-deutschen Kaisers Leopold I. noch zu dessen Lebzeiten; seit 1508 führte der zu Lebzeiten eines Kaisers gewählte Nachfolger den Titel eines römischen Königs.

Dauphin: Titel des französischen Thronfolgers; der damalige Dauphin war Ludwig (1661-1711), der älteste Sohn Ludwigs XIV.

»denn allein der allerchristlichste König ... wiederzugeben«: Ranke zitiert hier nach Lemonteys »Essai« aus dem Vertrag zwischen Ludwig XIV. und dem Großen Kurfürsten von Brandenburg vom 25. Oktober 1679, in dem dieser sich, gegen französische Subsi-

dien, für den Fall der Wahl eines römischen Königs oder Kaisers zur Unterstützung des Königs von Frankreich, des Dauphin oder eines anderen Frankreich genehmen Kandidaten verpflichtete: »›Sa Majesté très-chrétienne est plus capable que tout autre, selon le sentiment de Son Altesse électorale, par ses grandes et heroiques vertus et par sa puissance, de rétablir l'Empire dans son ancienne splendeur, de le maintenir dans toute sa dignité, et de le défendre contre le voisinage et les entreprises toujours si périlleuses des Turcs‹« (Œuvres, Bd. 5, S. 229).

an einen Prinzen dieses Hauses: Ludwig XIV., der mit Maria Theresia, Tochter König Philipps IV. von Spanien, verheiratet war, machte, obwohl diese bei der Eheschließung 1659 allen ihren Rechten auf den spanischen Thron entsagt hatte, seit Anbeginn den Thronfolgeanspruch des Dauphin geltend.

23 *Wilhelm III:* Wilhelm III. von Oranien (1650-1702), 1672 Erbstatthalter der Niederlande, 1689 als Wilhelm III. König von England; er war die treibende Kraft des europäischen Widerstandes gegen Ludwig XIV.

die Kriege: Pfälzischer Erbfolgekrieg (1688-1697) und Spanischer Erbfolgekrieg (1701-1713/14); beide Kriege führten zum Sturz der französischen Hegemonie und zur Errichtung eines Gleichgewichts unter den europäischen Großmächten.

ein Bourbon: Philipp von Anjou (1683-1746), Enkel Ludwigs XIV., im Jahre 1700 Universalerbe der spanischen Monarchie kraft testamentarischer Verfügung seines Vorgängers Karl II., behielt nach dem Spanischen Erbfolgekrieg Spanien selbst und das überseeische Kolonialreich.

Indien: Spanisch-Amerika (Westindien) und die spanischen Besitzungen im Fernen Osten (Ostindien).

über einen Teil von Italien: Es entstanden bourbonische Sekundogenituren in den Herzogtümern Parma und Piacenza (1731/48) und im Königreich Neapel (1738).

24 *England:* Vgl. zum folgenden die einschlägigen Kapitel der »Englischen Geschichte«.

Jakob II: (1633-1701), 1685-1689 König von England.

Devotion: Katholische Glaubensstrenge.

der ... verfolgte: 1685 erklärte Ludwig XIV. das 1598 verkündete

Edikt von Nantes, das den Reformierten in bestimmten Grenzen Toleranz gewährt hatte, für aufgehoben.
der englische Gesandte: Der damalige englische Gesandte in Frankreich, Bevil Skelton (gest. 1692).
die Bischöfe: Jakob II. erließ 1688 eine Indulgenzerklärung, die den Katholiken wie den Dissenters Glaubensfreiheit und bürgerliche Rechtsgleichheit verhieß, und forderte eine Verlesung dieser Deklaration von den anglikanischen Kanzeln. Als sieben Bischöfe daraufhin in einer Petition an den König den Gehorsam verweigerten, wurden sie vor Gericht gestellt und bis zur Leistung einer Kaution im Tower festgesetzt.
alle populare ... Gewalten: Das Unterhaus als Vertretung des ganzen Landes und das Oberhaus, in dem der hohe Adel und die ihm verbundene hohe Geistlichkeit der anglikanischen Kirche saßen.
Bewegung: Die Glorreiche Revolution von 1688/89, die zum Sturz Jakobs II. und der Erhebung Wilhelms III. führte.

25 *Die Parteien:* König und Parlament.
ihr offenbares Gegenteil: Antiklerikalismus und Atheismus der aufgeklärten »philosophes«.

26 *die ihre Gegensätze überwand:* Anders als in Frankreich gab es in England einen bruchlosen Übergang von den herkömmlichen Formen der Religiosität zu der neuen Freigeistigkeit der Aufklärung; eine der Voraussetzungen war die weithin geduldete konfessionelle Vielfalt, die eine Relativierung konfessionellen Denkens überhaupt begünstigte.

26* *Pepys:* Samuel Pepys (1633-1703), britischer Staatsmann und Schriftsteller; Memoires Relating to the State of the Royal Navy of England, For Ten Years, Determin'd December 1688, 1690: diese »Deduction of the last Ten Years Home-Transactions of our Navy« (S. 208), die den Aufstieg der britischen Flotte »from the lowest state of Importance, to the most advanced step towards a lasting and solid Prosperity« nachzeichnet (S. 213), ist auch eine dienstliche Bilanz des zeitweiligen Sekretärs der Admiralität (1684-1689). Auf Pepys gehen die Zahlen zurück, die Ranke für 1678 anführt (S. 4 f.).
Hervey: Frederick Hervey; Geschichte der Schiffahrt und Seemacht Groß-Britanniens von den frühesten Zeiten an bis auf das

Jahr 1779, 3 Bde., Leipzig 1779-1781 (Originalausgabe London 1779): der Autor stellt »Handlung und eine gehörige Seemacht« als notwendige Grundlage für die »Wichtigkeit«, »Dauerhaftigkeit«, »Unabhängigkeit« und »Freyheit« eines Staates hin und sieht in Großbritannien das in allen Zeiten auffälligste »Beyspiel von dem Einflusse des Handels auf die Größe eines Staates« (Bd. 1, S. 3 f.). Er teilt, nach Pepys, die Zahlen für 1678 wie auch die Zahlen für 1701 mit (Bd. 2, S. 111 u. 317), die erweisen sollen, »wie sehr die englische Seemacht in 13 Jahren ungeachtet des langjährigen Kriegs, und so vieler anderer Unglücksfälle zugenommen habe« (ebd., S. 316).

27* *Anderson:* S. o. S. 152. An der zitierten Stelle führt der Autor die Zahl für 1699 an, »da aus diesen Einkünften die Zunahme oder die Abnahme des allgemeinen Handels der Nation beurtheilt werden kann«: »gewissermaßen ein politischer Puls« (Bd. 5, S. 330).

27** *Mocenigo:* Venezianischer Gesandter in England am Anfang des 18. Jahrhunderts; Relation vom Jahre 1706 (vgl. S. W. 21, S. 11). Die vereinigten »regni« sind England, Irland und Schottland, die »Principi« die großen kontinentalen Fürstenstaaten, die »due nazioni maritime« Briten und Holländer.

27 *der Friede:* Der Friede von Utrecht vom 11. April 1713, dem 1714 Friedensschlüsse Frankreichs mit Kaiser und Reich folgten.

die Whigs: Die in der Zeit Karls II. entstandenen Parteien der Whigs und Tories beherrschten seit der Glorreichen Revolution, die ihr gemeinsames Werk war, Parlament und Regierung. »Ihr Gegensatz ist nicht so diametral, denn beide Parteien bewegen sich auf den Grundlagen des Protestantismus, des Gesetzes und der eingeführten Verfassung, aber er ist doch stark genug, um über die meisten Zweige des menschlichen Denkens und Tuns entgegengesetzte Auffassungen an die Hand zu geben. Die umfassenden Doktrinen, und zugleich ihre Begründung im Reiche der Ideen, die man mit den Worten ›konservativ‹ und ›liberal‹ bezeichnet, erscheinen in bezug auf die unmittelbar vorliegenden Fragen des Tages« (S. W. 21, S. 51). Zu diesen »Fragen des Tages« gehörte »die Frage über Krieg und Frieden« im Spanischen Erbfolgekrieg (ebd., S. 32). Die »liberalen« Whigs, »welche die militärische Administration und die Geldgeschäfte in den Händen

hatten«, verlangten »einen langen energischen Krieg«, den sie »bis zu dem Ruin von Frankreich fortgesetzt zu sehen wünschten«: ihre Macht »beruhte auf den durch den Krieg geschaffenen Interessen, militärischen, pekuniären und diplomatischen« (ebd., S. 22, 33 u. 38). Dagegen arbeiteten die »konservativen« Tories, die das »Landinteresse« der durch die Kriegssteuern hochbelasteten »Landeigentümer« vertraten, von dem Moment an, als der Sieg Englands und seiner Alliierten gesichert schien, »auf die Herstellung des Friedens« hin, der sich »auf die Behauptung des Gleichgewichts zwischen den kontinentalen Mächten« beschränken sollte (ebd., S. 29 u. 33). Sie waren damit schließlich erfolgreich, lösten die Whigs 1710 in der Regierung ab und handelten in der Folge den Frieden von Utrecht aus: gegen den Widerstand der Whig-Opposition, die alles versuchte, »den Frieden zu hintertreiben« (ebd., S. 33), den sie als allzu mild ansah.
die bourbonischen Mächte: Frankreich und Spanien.
Gibraltar: Das 1704 eroberte und seitdem von englischen Truppen besetzte Gibraltar fiel im Frieden von Utrecht an England.
Den besten Verkehr mit den spanischen Kolonien: Den Sklavenhandel; England erhielt dafür von Spanien durch einen besonderen Vertrag vom März 1713 das Monopol.
Batavia vor Calcutta: Das 1610 angelegte Batavia war der Hauptort der niederländischen Besitzungen in Ostindien, das 1686 gegründete Kalkutta stieg im Laufe des 18. Jahrhunderts zum Hauptort Britisch-Indiens auf.

27-28 *Friedrich der Große:* Ranke zitiert hier aus der 1775 niedergeschriebenen »Histoire de mon temps«, einer Geschichte der beiden ersten schlesischen Kriege, die ihm in den »Œuvres posthumes de Fréderic II, Roi de Prusse«, Berlin 1788 vorlag: »A la suite de cette puissance se range la Hollande, comme une chaloupe qui suit l'impression d'un vaisseau de guerre auquel elle est attachée« (Bd. 1 der »Histoire« = Bd. 1 der »Œuvres«, Kap. 1, S. 52).

28 *Vereinigung mit Hannover:* Entsprechend dem britischen Thronfolgegesetz von 1701 wurde 1714 Kurfürst Georg I. Ludwig von Hannover als Georg I. König von Großbritannien; seitdem bestand, bis 1837, eine Personalunion zwischen Großbritannien und Hannover.

in der einen als in der andern ihrer Richtungen: »Presumably Berkeley's idealism and Hume's skepticism« (von Laue, Leopold Ranke, S. 192), neben denen es noch den »Materialismus« Hartleys und Priestleys und die von Reid begründete schottische Schule des »common sense« gab; ihr gemeinsamer Ausgangspunkt war der zuerst 1690 erschienene »Essay on Human Understanding« von John Locke, der die Frage nach dem menschlichen Erkenntnisvermögen ins Zentrum der Philosophie rückte.

an den ausgezeichnetsten Franzosen: Die berühmtesten Beispiele sind Voltaire und Montesquieu.

29 *von der spanischen Monarchie:* Sie kam 1516 an den späteren Kaiser Karl V.; die 1556 von ihm verfügte Aufteilung des habsburgischen Universalreiches, das er bis dahin allein regiert hatte, begünstigte Spanien vor Österreich, das sich diesem fortan in allen Fragen der europäischen Politik untergeordnet sah.

dem Kaiser: Ferdinand II. (1578-1637, 1619 Kaiser).

sein Erbland: Die Erzherzogtümer Ober- und Niederösterreich; sie schlossen sich 1619 der böhmischen Erhebung gegen die habsburgische Herrschaft an und wurden dieser 1620 hauptsächlich durch Truppen der bayerisch geführten Liga zurückgewonnen.

Ungarn: Der größte Teil Ungarns, das 1526 an Habsburg gekommen war, wurde, mitsamt der Hauptstadt Ofen (Buda), bis zur Mitte des 16. Jahrhunderts von den Türken erobert und dem osmanischen Reich einverleibt.

Zug Kara Mustapha's: Kara Mustafa, Großwesir, führte 1683 das türkische Heer bis vor Wien; dazu: Die Osmanen und die Spanische Monarchie im 16. und 17. Jahrhundert (4. Aufl. des ersten Bandes der »Fürsten und Völker von Süd-Europa im sechzehnten und siebzehnten Jahrhundert«, 1877, S. W. 35/36, S. 76ff.).

30 *an sich zu nehmen:* Hier bietet der Wiederabdruck S. W. 24, S. 16 die folgende Anmerkung: »Nähere Forschung ergibt, daß sie die Gefahr der Belagerung zu Gunsten ihrer Unterhandlungen mit dem Kaiser benutzen wollten. Den Fall von Wien hätte Ludwig XIV geduldet, um alsdann vereinigt mit den Deutschen die Türken wieder zu vertreiben, und dergestalt das Imperium des Okzidentes faktisch zu erlangen. Vgl. franz. Gesch. Bd. III, Buch 13, Cap. 3. (Sämtliche Werke Bd. XIII., 348.)«; richtig: S. W. 10.

ein Italiener: Foscarini (s. o. S. 147): »ma con altretanta fermezza si mantennero i reggimenti Alemanni, che avanzando con buon ordine terreno così bene li caricarono, che convenne a'Turchi disordinamente ritirarsi« (S. 184); »i reggimenti Alemanni che li ricevevono con ferma ordinanza« (S. 222).

ein Fetwa des Mufti: Gutachten des obersten islamischen Rechtsgelehrten, das Anspruch auf unbedingte Gesetzeskraft hatte.

es ging doch verloren: Im November 1686.

ganz Ungarn ... gemacht: 1687; Ungarn war bis dahin ein Wahlkönigreich.

Mißvergnügten: S. o. S. 146.

die Raizischen Geschlechter: Griechisch-orientalische Serben, die nach der erfolgreichen osmanischen Offensive von 1690 auf ungarischen Boden flüchteten und seitdem die österreichische »Militärgrenze« gegen die Türken sichern halfen; benannt nach dem altserbischen Hauptort Ras.

nur noch einmal: 1703 erhob sich, im Zusammenspiel mit der französischen Diplomatie, Rakoczy an der Spitze ungarischer Adeliger gegen die habsburgische Herrschaft, die diesen Aufstand erst 1708/11 niederschlagen konnte.

31 *Karl XII:* (1682-1718), König von Schweden (seit 1697).

31* *Flassan aus d'Avaux IV, 170:* Flassan, Histoire générale (s. o. S. 146f.), Bd. 4, S. 170; der Autor verwertet hier die diplomatische Korrespondenz von Jean-Antoine, comte d'Avaux (1640-1709), der 1692-1701 französischer Botschafter in Schweden war. Die zitierte Äußerung Karls XII. fiel in einer Sitzung des schwedischen Staatsrats im Frühsommer 1698, als Oxenstierna »ses sentimens« gegen ein Bündnis mit Frankreich darlegte: »›Et moi, dit Charles XII en l'interrompant, ne vous ai-je pas dit, les miens, et que je voulais absolument faire alliance avec le roi de France, et être de ses amis?‹«; Bengt Gabrielsson Graf Oxenstierna (1623-1702) war seit 1680 Kanzler und damit leitender Minister von Schweden.

31 *der nordische:* Der Nordische Krieg 1700-1721, der nach wechselvollen Kämpfen damit endete, daß Schweden seine Vormachtstellung im Ostseeraum an Rußland verlor; Verbündete Rußlands waren Dänemark, Sachsen, Polen und zuletzt Preußen und Hannover.

31** *Lamberty:* Guillaume Lamberty (1660-1742), Schweizer Diplomat in englischen Diensten und Schriftsteller; Mémoires pour servir à l'histoire du XVIIIme siècle, contenant les négociations, traitez, résolutions, et autres documens authentiques concernant les affaires d'état; liez par une narration historique des principaux evenemens dont ils ont été précédez ou suivis, 14 Bde., Haag 1724-1740. Der Autor verweist an der zitierten Stelle auf Dokumente, »qui donnoient à connoître quelque dessein de la Suede en faveur de la France, & nommement contre la Maison d'Autriche«.

32 *die Dänen:* Karl XII. zwang Dänemark, das 1700 den Krieg eröffnet hatte, noch im gleichen Jahr durch die Belagerung Kopenhagens zum Frieden von Travendal, in dem er alle seine Ansprüche durchsetzte.

Polen: Polen wurde 1701/02 besiegt und besetzt.

einen König: Karl XII. erreichte, daß die Polen 1704 ihren König August II. den Starken (1670-1733, Königswahl 1697), als Friedrich August I. Kurfürst von Sachsen (seit 1694), absetzten und an seiner Stelle den polnischen Adeligen Stanislaus Lesczcinski (1677-1766) zum König wählten; August mußte sich im Frieden von Altranstädt 1706 dazu verpflichten, für immer der Krone von Polen zu entsagen.

die Hälfte von Deutschland: Karl XII. verfolgte den in Polen geschlagenen August durch Schlesien und die Lausitz bis nach Sachsen. Er schlug sein Hauptquartier 1706 in Altranstädt bei Leipzig auf und blieb hier bis zu seinem Aufbruch gegen die Russen im August 1707.

den Zaren: Peter I. der Große (1672-1725), seit 1689 Zar von Rußland.

schon einmal: In der Schlacht bei Narwa am 30. November 1700.

zu dem entscheidenden Kampfe des Jahres 1709: Schlacht von Pultawa am 27. Juni 1709.

Gegensatz: Ranke fand das klassische historiographische Kunstmittel der Synkrisis, der vergleichenden Charakterisierung zweier großer Männer, die in einer Entscheidungssituation mit- oder gegeneinander auftreten, schon in der bisherigen Literatur auf Karl XII. und Peter d. Gr. angewandt, die sich dafür geradezu idealtypisch anboten. Am ehesten wird man an Voltaires »Histoire de Charles XII« erinnert, wo »cette bataille décisive de Pultava« ebenfalls zum Anlaß eines Vergleichs »entre les deux plus singuliers monarques qui fussent alors dans le monde« wird (Voltaire, Œuvres historiques, hrsg. v. René Pomeau, Paris 1957, S. 161 f.).

32* *Lamberty:* S. o. S. 161. Der Autor rückt diesen Text in die Ereignisgeschichte des Jahres 1707 ein: »Puis que l'on est sur le chapitre de ce Monarque avant que d'entrer dans les affaires qui se passent, on regalera le Public d'un Ecrit d'un Polonois, qui a detaillé en Latin le singulier & beau caractere de ce grand Roi, dans les termes suivans etc.« (Bd. 4, S. 436 f.); Ranke gibt davon eine ebenso summarische wie freie Inhaltsangabe.

33 *August II von Polen:* S. o. S. 161.
seine Herstellung: Peter verhalf August nach dem Sieg bei Pultawa zur Rückkehr auf den polnischen Thron.
ihre Hülfe: Den Auftakt bildete die bewaffnete russische Intervention nach dem Aufstand des polnischen Adels gegen absolutistische Bestrebungen Augusts II. im Jahre 1715; sie führte 1716 zu einem beiden Seiten aufgenötigten Pazifikationstraktat.

33* *Rulhiere:* Claude Carloman de Rulhière (1735-1791), französischer Schriftsteller; Histoire de l'anarchie de Pologne et du démembrement de cette république, 4 Bde., Paris 1807: Vorgeschichte und Geschichte der ersten Teilung Polens, die damals die auf »indépendance« gerichtete Polenpolitik Napoleons rechtfertigen soll. An der zitierten Stelle erscheint die Reduzierung der polnischen Armee als »une réforme dangereuse«: »Imprudente nation, qui se laissa désarmer au moment où de nouveaux périls allaient sans cesse la menacer« (S. 120 f.).

33** *Daniel Dolfin 3:* Daniele Dolfin III (1654-1729), 1715-1716 venezianischer Gesandter in Polen; Ranke zitiert die Relation vom 10. August 1717.

34 *ihre Thronkandidaten:* Bei den polnischen Königswahlen von 1733 und 1764.
eines bedeutenden Teils derselben: Schweden verlor in den Friedensschlüssen von 1719/21 Bremen und Verden an Hannover, den östlichen Teil Vorpommerns an Preußen sowie alle seine Besitzungen im Baltikum und einen Teil Kareliens an Rußland.

34* *Sheridan:* Charles F. Sheridan (1750-1806), englischer Diplomat und Schriftsteller, zeitweilig Gesandtschaftssekretär in Stockholm; Geschichte der letztern Staatsveränderung in Schweden, Berlin 1781 (Originalausgabe London 1778): der Autor rechtfertigt darin den absolutistischen Staatsstreich Gustavs III. von 1772 als Befreiung von adeliger Korruption und ausländischer Bevormundung. An der zitierten Stelle geht es um eine zeitgenössische Stimme aus dem Umkreis des schwedischen Königs über den Einfluß Frankreichs auf Schweden gegen oder nach Ende des Siebenjährigen Krieges: Frankreich »›hatte alle Partheyen der Nation an sich gezogen‹«, »›so daß Frankreich Schweden eben so leicht, wie eine seiner eigenen Provinzen, beherrschte‹«.

34 *der Mützen und der Hüte:* Adelsparteien im Reichstag der ständestaatlichen »Freiheitszeit« in Schweden (1718-1772), die sich im dauernden Kampf um die Macht mehrfach in der Regierung ablösten und dabei an auswärtigen Bundesgenossen Rückhalt fanden. Die Hüte stützten sich auf Frankreich: »Ihr Augenmerk, das sie der Nation angaben, war die Wiedererhaltung einiger an Rußland abgetretener Provinzen; und das System also, dem sie folgen wollten, war, mit dieser Macht zu brechen, und sich mit Frankreich zu verbinden« (Sheridan, Geschichte, S. 178); dagegen lehnten sich die Mützen an Rußland an: »Ihr Endzweck war Friede, und die Beförderung der innern Wohlfarth der Nation. Das System aber, welches sie annahmen, war, eine genaue Correspondenz mit Rußland zu unterhalten, und alle fernere Verbindung mit Frankreich zu vermeiden« (ebd.).

ein paar Mal: Ranke meint den von der französischen Diplomatie geschürten schwedisch-russischen Krieg von 1741/43, dem eine Machtübernahme durch die Hüte vorausging; Schweden erlitt eine schwere Niederlage und mußte im Frieden einen Teil Finnlands an Rußland abtreten.

Karl VI: Karl (1685-1740), seit 1711 Herrscher Österreichs und als Karl VI. römisch-deutscher Kaiser.

Cadix: Der spanische Seehafen Cadiz war Umschlagplatz für den Handel mit den spanischen Kolonien in Amerika.

35 *bis zu gemeinschaftlichen Planen:* Der erste bourbonische Familientraktat von 1733 koordinierte das französisch-spanische Vorgehen

in Europa und räumte Frankreich Vorteile im spanischen Kolonialhandel ein.

vor dem östreichischen Sukzessionskriege: Der Österreichische Erbfolgekrieg 1740/48 wurde durch den Tod Kaiser Karls VI. ausgelöst.

35* *Considérations ... Fréderic II:* Diese Betrachtungen des Kronprinzen Friedrich über die politische Lage des europäischen Staatensystems nach dem Polnischen Thronfolgekrieg (1733-1735), die Ranke nach dem Abdruck in Bd. 6 der »Œuvres posthumes de Fréderic II« (S. 3 ff.) anführt, stammen tatsächlich vom Januar 1738. Das Rankesche Referat resümiert einige Grundgedanken des Autors, die in verschiedenen Zusammenhängen über den ganzen Text verteilt sind; direkt zitiert werden allenfalls einzelne Wendungen oder Satzfetzen. Vgl. auch die Inhaltsübersicht, die Ranke später in der »Preußischen Geschichte« bietet: »Er urteilte dann, daß der Verlust des Kaisers denselben Ursachen zuzuschreiben sei, aus welchen immer die großen Reiche gefallen, Schwäche der inneren Verfassung und Vernachlässigung der militärischen Verteidigungsmittel; den Vorteil Frankreichs leitete er von der überlegenen Einsicht seiner Minister, der gewandten Durchführung einer folgerechten Politik ab; es machte ihm vielen Eindruck, wenn er überlegte, daß es eben durch die beruhigende Haltung des Kardinals Fleury gelungen war, die Furcht vor einer französischen Universalmonarchie, welche früher Europa in Aufregung hielt, zu heben, so daß er den günstigen Augenblick benutzen konnte, seine Beute zu ergreifen. Indem er aber das Talent anerkannte, zog er zugleich den Schluß, daß eine große Macht, welche mit erheuchelter Freundlichkeit zu Werke gehe, den Nachbarn ungemein gefährlich sei« (S. W. 27/28, S. 267 f.).

35 *Verbindung mit den Russen:* Rußland, der Hauptverbündete des Kaisers im Polnischen Thronfolgekrieg, in dem Frankreich, Spanien und Savoyen die Gegenpartei bildeten, entsandte ein Truppenkontingent an die Rheinfront.

Kapitulation: Wahlkapitulation oder Wahlversprechen der römisch-deutschen Kaiser; seit der Kaiserwahl von 1519 üblich. In Artikel VI der von Karl VI. beschworenen Wahlkapitulation war dem Kaiser untersagt, Hilfstruppen fremder Mächte ins Reich zu rufen.

der letzte Krieg: Der Polnische Thronfolgekrieg.

Fleury: André Hercule de Fleury (1653-1743), seit 1726 französischer Premierminister.

36 *Lothringen:* Das bis dahin zum Deutschen Reich gehörige Herzogtum Lothringen kam nach dem Polnischen Thronfolgekrieg, im Zuge einer ganz Europa umfassenden territorialen Umverteilung, an Frankreich.

die Verwirrungen: Karl VI. hatte für seine Stammlande keinen männlichen Erben. Die Pragmatische Sanktion von 1713, mit der er die Unteilbarkeit der österreichischen Länder und die weibliche Erbfolge festgesetzt hatte, war in Deutschland und Europa umstritten, so daß beim Ableben Karls VI. Verwicklungen zu erwarten waren.

Gemahl der Maria Theresia: Franz Stephan (1708-1765), 1729-1735 Herzog von Lothringen, seit 1737 Großherzog von Toskana, heiratete 1736 Maria Theresia (1717-1780), Tochter Kaiser Karls VI., seit 1740 Herrscherin von Österreich.

Nachfolger ihres Vaters: Im römisch-deutschen Kaisertum.

36* *Ein venezianischer Ambassadeur:* Andrea da Lezze, der in den Anfängen des Österreichischen Erbfolgekrieges venezianischer Gesandter in Frankreich war. Ranke zitiert aus der »Relatione di Francia« vom 31. August 1743, die er später auch in der »Französischen Geschichte« benutzt und kommentiert (S. W. 11, S. 367 u. S. W. 12, S. 331 f.).

36 *Karl VII von Baiern:* Karl Albrecht (1697-1745), seit 1726 Kurfürst von Bayern, wurde 1742 als Karl VII. zum römisch-deutschen Kaiser gewählt.

36** *Histoire ... p. 197.:* Friedrich d. Gr., Histoire de mon temps, Bd. 1, Kap. 4, S. 197: »Le ministère de Versailles étoit dans la persuasion que c'en étoit fait de la puissance autrichienne & qu'on alloit la détruire pour jamais. il vouloit élever sur les ruines de cet empire quatre souverains, dont les forces pourroient se balancer réciproquement; savoir la Reine de Hongrie, qui garderoit ce royaume, l'Autriche, la Styrie, la Carinthie & la Carniole; l'Électeur de Bavière, maître de la Bohème, du Tyrol & du Brisgau; la Prusse avec la basse Silésie; enfin la Saxe joignant la haute Silésie & la Moravie à ses autres possessions. Ces quatre voisins n'auroient jamais pu se comporter à la longue, & la France se préparoit à jouer le rôle d'arbitre & à dominer sur des despotes qu'elle auroit établis elle-même«.

36 *Preußen:* Vgl. zum Folgenden die einschlägigen Kapitel der »Preußischen Geschichte«, die Schriften »Der Ursprung des siebenjährigen Krieges« (1871, S. W. 30, S. 61 ff.) und »Ansicht des siebenjährigen Krieges« (1875, ebd., S. 271 ff.) sowie Rankes zuerst in der »Allgemeinen Deutschen Biographie« (Bd. 7, 1878) erschienenen Aufsatz »Friedrich II. König von Preußen« (S. W. 51/52, S. 357 ff.).

37 *seinen Krieg:* Er begann mit dem Einmarsch preußischer Truppen in Schlesien im Dezember 1740.

37* *Valori:* Henri, Marquis de Valori (gest. 1774), französischer Diplomat, 1739-1749 Gesandter in Preußen; Mémoires des négociations du marquis de Valori, ambassadeur de France à la cour de Berlin, 2 Bde., Paris 1820. Das Werk beruht auf Valoris diplomatischen Berichten und war zunächst nicht zur Veröffentlichung bestimmt. An der von Ranke angeführten Stelle geht es um eine Unterredung zwischen Friedrich und Valori im Jahre 1742: »Il me demanda ce que nous faisions encore en Westphalie, qu'apparemment c'était pour faire les dominateurs en Allemagne; qu'il était prince allemand, et qu'il ne le souffrirait pas. Je lui rappelai que cette armée n'y était venue que de son aveu; qu'elle y avait hiverné par son conseil, et que l'utilité de son séjour sur les frontières d'Hanover était bien marquée. ›Vous avez déclaré, me répliquet-il, qu'elle n'y resterait que jusqu' à l'élection de l'empereur. Il est élu: pourquoi ne vous retirez-vous pas?‹« (Bd. 1, S. 153); im Hintergrund steht der preußisch-französische Bündnisvertrag vom Juni 1741. Ranke hat Valoris Berliner Berichte selbst 1843 im Pariser Archiv der auswärtigen Angelegenheiten aufgefunden und sich durch sie zur Abfassung der »Preußischen Geschichte« inspirieren lassen (autobiographisches Diktat vom November 1885, S. W. 53/54, S. 73 f.), wo sie eine seiner Hauptquellen sind: »Es gibt nichts Unterrichtenderes, als seine Berichte aus dieser Zeit. Wenn man sie durchliest, ist es, als wenn man mit Friedrich lebte«; über die »Mémoires« heißt es jetzt, daß sie »nur der schwache Abglanz dessen sind, was seine Berichte in aller Ausführlichkeit und Vergegenwärtigung enthalten« (S. W. 30, S. 258; vgl. S. W. 27/28, S. 569).

38 *die Königin von Ungarn:* Maria Theresia.

38* *er sagt es selbst:* Histoire de mon temps, Bd. 1, Kap. 4, S. 198f.
Coxe: William Coxe (1747-1828), englischer Reiseschriftsteller und Historiker; History of the House of Austria, from the Foundation of the Monarchy by Rhodolph of Hapsburgh to the Death of Leopold the Second: 1218 ... to ... 1792, 2 Bde., London 1807: innere und äußere Ereignisgeschichte in annalistischer Anordnung. Ranke benutzt eine spätere Ausgabe; das Zitat in der Erstausgabe Bd. 2, S. 267. Coxe stützt sich bei seiner Darstellung der diplomatischen Vorgänge in den Jahren 1740 und 1741 wiederholt auf die »Dispatches« von Robinson und Hyndford (s. u.).
die Depeschen von Robinson und Hyndford: Thomas Robinson, first Baron Grantham (1695-1770), englischer Diplomat, 1730-1748 Gesandter beim Kaiser; John Carmichael, third Earl of Hyndford (1701-1767), britischer Staatsmann, 1741-1744 Gesandter am Hof Friedrichs d. Gr. Ranke hat die Depeschen Robinsons und Hyndfords, die er hier nach Coxe benutzt, 1843 in London selbst eingesehen und daraus maßgebliche Informationen für seine »Preußische Geschichte« gewonnen.
die neuern Lebensbeschreiber Friedrichs: Vgl. dazu die »Literarische Note« am Schluß von Rankes ADB-Artikel (S. W. 51/52, S. 400f.).
Lord Dover: George Ellis, first Baron Dover (1797-1833), englischer Staatsmann und Historiker; Life of Frederick the Second, King of Prussia, 2 Bde., London 1832.

38 *seinen Stillstand:* Preußisch-österreichische Neutralitätskonvention von Kleinschnellendorf vom 9. Oktober 1741.
während der schlesischen Kriege: Erster und Zweiter Schlesischer Krieg (1740-1742 und 1744/45).

39 *das nördliche System:* Das nördliche europäische Staatensystem, das sich bis dahin ziemlich unabhängig vom westlichen und südlichen hielt; lediglich Preußen gehörte beiden Systemen an und führte in der Folge durch seine Politik immer mehr eine dauerhafte Verbindung zwischen ihnen herbei. Diese Einteilung des europäischen Staatensystems zuletzt fixiert bei Arnold Herrmann

Ludwig Heeren, Handbuch der Geschichte des Europäischen Staatensystems und seiner Colonieen, Göttingen 1809.

39* *Histoire ... 44:* Histoire de la guerre de sept ans, Bd. 1 (= Œuvres posthumes de Fréderic II, Bd. 3), Kap. 2, S. 44: »La nécessité d'établir une balance dans le Nord avoit déterminé la France, la Prusse & la Suède à faire une triple alliance«; Schweden erneuerte 1747 sein Subsidienverhältnis zu Frankreich und schloß zugleich ein Verteidigungsbündnis mit Preußen.

39 *den ganzen Haß einiger russischen Minister:* Hier ist vor allem an Alexei Petrowitsch Graf Bestuschew-Rjumin (1693-1766), Großkanzler 1744-1758, zu denken, der Rußland damals auf einen Konfrontationskurs gegen Preußen brachte.

40 *dem Traktate:* Neutralitäts- und Defensivvertrag zwischen Frankreich und Österreich vom 1. Mai 1756, der am 1. Mai 1757 zu einer Offensivallianz fortgebildet wurde.

40* *Duclos:* Charles Pinot Duclos (1704-1772), französischer Schriftsteller, 1750 Hofhistoriograph Ludwigs XV.; Mémoires secrets sur les règnes de Louis XIV et de Louis XV, 2 Bde. (das Folgende nach der Ausgabe Lausanne 1791): der Autor beabsichtigt nach dem Vorbild Voltaires keine Geschichte der Haupt- und Staatsaktionen, sondern »l'histoire des hommes & des moeurs«, »l'histoire de l'humanité« (Bd. 1, S. XXII). Die »Histoire des causes de la guerre de 1756« ist »un morceau séparé« (ebd., S. III), das dem bis zu den Anfängen Fleurys reichenden Werk angehängt ist: ein Vorgriff auf die nicht mehr geschriebene Darstellung der späteren Zeiten Ludwigs XV.; die Schrift, unter dem unmittelbaren Eindruck der »paix humiliante« von Paris 1763 entstanden (Bd. 2, S. 394), gilt »au plus grand, au plus malheureux & au plus humiliant évènement de ce règne« (ebd., S. 387). Ranke gibt in den »Analekten« zu seiner Abhandlung »Der Ursprung des siebenjährigen Krieges« eine Würdigung des Autors und der »Histoire« (S. W. 30, S. 263 ff.): Duclos fällt in der Pariser Gesellschaft, in der er »fast als der bedeutendste unter den schönen Geistern« angesehen wird, »durch eine ungewöhnliche Rücksichtslosigkeit« auf (S. 263 f.); die »Histoire« bekundet eine bald allgemein werdende »Stimmung der Opposition gegen den Hof und die Regierung Ludwigs XV.« (S. 270). Die zitierten Stellen: das französisch-

österreichische Bündnis (Bd. 2, S. 403-416); die Motive Friedrichs zum Abschluß mit England (ebd., S. 398f., das Zitat 399).
den Vertrag Friedrichs mit England: Westminsterkonvention vom Januar 1756, die mit einem Nichtangriffspakt und Defensivbündnis gleichbedeutend war; ihr folgte die Konvention vom 11. April 1758, die das Zusammenwirken zwischen Preußen und England in dem 1756 begonnenen allgemeinen Krieg regelte.
40 *die beiden großen Kontinentalmächte:* Frankreich und Rußland, das seit 1746 mit Österreich verbündet war.
Sachsen: Sachsen stand seit dem Zweiten Schlesischen Krieg im österreichischen Lager.
Pommern: Schweden, im Besitz des westlichen Teils Vorpommerns, machte die Schwenkung Frankreichs gegen Preußen mit und trat 1757 in den Krieg ein, um den östlichen Teil Vorpommerns, der nach dem Nordischen Krieg an Preußen verlorengegangen war, zurückzugewinnen.
über der See: England, im Österreichischen Erbfolgekrieg auf der Seite Österreichs, sah sich nach den österreichisch-französischen Verträgen zum Bündnis mit Preußen gedrängt, das in der Konvention vom 11. April 1758 besiegelt wurde (s. o.).
wie bekannt: Histoire de la guerre de sept ans, Bd. 1, Kap. 3, S. 78: »La connoissance qui vint au Roi de ce dessein jointe aux mouvemens de trois armées sur ses frontières, qui menaçoient d'un jour à l'autre d'une rupture ouverte, donna lieu à l'explication que demanda le Roi à la cour de Vienne sur la cause de ce grand armement; on pria cette cour de faire une réponse cathégorique pour qu'on sût si elle avoit intention de maintenir la paix avec le Roi, ou de la rompre«; die Anfrage geschah am 18. Juli 1756.
40** *Valori:* S. o. S. 166. Der ganze Abschnitt lautet: »Le roi de Prusse demanda à la cour de Vienne une réponse catégorique, c'est le terme, et la demanda avec une fierté qui tenait de la menace: il ne se contenta pas de la première réponse de l'impératrice-reine, qui lui disait simplement que les préparatifs qu'elle faisait ne tendaient à offenser personne: il demanda une autre réponse aussi catégorique, disant qu'il savait qu'il y avait un traité offensif entre la Russie et cette princesse, à l'effet de l'attaquer inopinément; qu'il demandait donc que l'impératrice-reine l'assurât formellement qu'elle ne

l'attaquerait ni dans la présente année 1756, ni dans la suivante. L'impératrice répondit qu'il n'était pas vrai qu'il y eût un traité offensif entre elle et la Russie, et qu'elle n'avait intention d'attaquer personne. C'est cette réponse que le roi de Prusse attendait avec impatience pour se déterminer et il dit au comte Fintz, son ministre, qui était dans son cabinet en attendant le courrier: Pour le peu que la réponse soit satisfaisant, je ne marche pas. Ce courrier arrive enfin, et le monarque dit, comme César au passage du Rubicon: Le sort en est jeté, et je pars demain« (Bd. 1, S. 307f.).

41 *Niederlage von Collin:* Österreichischer Sieg am 18. Juni 1757.

42 *Er sieht sich:* Ranke zitiert hier aus der »Epitre au Marquis d'Argens« vom 23. September 1757: »La mer mugit: l'éclair brillant dans la tempête, Le tonnerre en éclats va fondre sur ma tête; Environné d'écueils, couvert de mes débris, A l'aspect des dangers qui partout me menacent, Les cœurs des pilotes se glacent, Ils cherchent, mais en vain, un port ou des abris. Du bonheur de l'État la source s'est tarie; La palme a disparu, les lauriers sont fanés« (Œuvres posthumes, Bd. 7, S. 178f.). Jean Baptiste de Boyer Marquis d'Argens (1704-1771), französischer Schriftsteller, lebte 1744-1769 an Friedrichs Hof als Freund und täglicher Gesellschafter des Königs.

Bourdaloue: Louis Bourdaloue (1632-1704), französischer Kanzelredner, der auch am Hof Ludwigs XIV. auftrat; er verband in seinen Predigten rhetorisch-dialektische Klarheit mit ethisch-praktischer Gesinnung.

42* *Retzow:* Friedrich August von Retzow (1729-1812), preußischer Offizier; Charakteristik der wichtigsten Ereignisse des Siebenjährigen Krieges in Rücksicht auf Ursachen und Wirkungen. Von einem Zeitgenossen, 2 Bde., Berlin 1802: der Autor, der am Krieg teilgenommen hat, liefert hier, nicht ohne Kritik an der Kriegführung Friedrichs d. Gr., »mehr ein belehrendes Gemälde der hervorstechenden Vorfälle, als eine pragmatische Geschichte« (Bd. 1, S. XI). An der zitierten Stelle berichtet Retzow, daß Catt, der königliche Vorleser, Friedrich nach der Niederlage bei Hochkirch am 14. Oktober 1758 mit der Lektüre der Predigten Bourdaloues beschäftigt gefunden und alsbald »eine wohlgesetzte Predigt« zu lesen bekommen habe, »welche der König über einen biblischen Text verfertigt und seinen gegenwärtigen Umständen angepaßt hatte«.

42 *das dritte Buch des Lucrez:* Titus Lucretius (ca. 97-55 v. Chr.), römischer Dichter; De rerum natura: das Lehrgedicht stellt die Philosophie Epikurs dar, die die Selbstbehauptung des Menschen gegenüber Todesfurcht, Götterangst, Aberglauben verkündet. Friedrich spielt in der »Epitre au Marquis d'Argens« vom 23. September 1757 auf das dritte Buch an, das von der Sterblichkeit der Seele handelt und in der Aufforderung gipfelt, sich mit Gleichmut dieser Notwendigkeit zu beugen (III 962): »J'apprens de mon maître Epicure usw.« (Œuvres posthumes, Bd. 7, S. 181 ff.).

43 *Wie er . . . verglich:* Epître au Marquis d'Argens vom 23. September 1757: »De nouveaux monstres politiques, De triumvirs ingrats, superbes, despotiques« (Œuvres posthumes, Bd. 7, S. 180). Triumvirn: das erste und das zweite Triumvirat (60 v. Chr. und 43 v. Chr.), in denen sich jeweils drei Männer – Caesar, Pompeius, Crassus und Antonius, Octavianus, Lepidus – vereinigten, um die gesamte Macht in der römischen Republik an sich zu reißen. Friedrich vergleicht damit den Dreibund Österreich, Rußland und Frankreich, dem er sich seit 1756 gegenübersieht.

so rief er . . . auf: Epitre au Marquis d'Argens vom 23. September 1757: »Vous, de la liberté héros que je révère, O manes de Caton! ô manes de Brutus!« (Œuvres posthumes, Bd. 7, S. 179). Manen des Cato und des Brutus: die abgeschiedenen Seelen des Marcus Porcius Cato (95-46 v. Chr.) und des Marcus Iunius Brutus (85-42 v. Chr.), die im Kampf um die Freiheit der römischen Republik Caesar und Antonius unterlagen und sich daraufhin selbst den Tod gaben.

43* Οἰκουμένης δῆμος: Weltvolk. Die Vorstellung geht auf Polybios zurück, der in seinem Geschichtswerk darlegen will, »wie, wann und warum alle bekannten Teile der Welt unter die Herrschaft der Römer gekommen sind« (Polybios, Geschichte. Gesamtausgabe in zwei Bänden, hrsg. v. Hans Drexler, Bd. 1, Zürich 1961, III 1, S. 187).

43 *Kunersdorfer Schlacht:* Preußische Niederlage gegen ein österreichisch-russisches Heer am 12. August 1759.

43** *Preuß:* Johann David Erdmann Preuß (1785-1868), deutscher

Historiker; Friedrich der Große. Eine Lebensgeschichte, 4 Bde., Berlin 1832-1834. Die reich dokumentierte Darstellung, die die Biographie Friedrichs mit der allgemeinen Geschichte verbindet, »soll das dankbare Herz des Volkes durch gründliche Forschungen zu immer liebevollerer Erkenntlichkeit begeistern und erheben« (Bd. 1, Vorwort). Die an der angeführten Stelle mitgeteilte königliche Instruktion ist an den preußischen General Friedrich August von Finck (1718-1766) gerichtet, der an der Schlacht bei Kunersdorf teilgenommen hatte: »Der König übernachtet in der fürchterlichsten Stimmung seiner Seele in dem Dorfe Ötscher bei Göritz auf Stroh in einem, von dem Feinde verödeten Bauernhause. Er glaubt nicht, daß noch Rettung möglich sei: aber, mit ruhigem Bewusstsein widmet er die – anscheinend letzten Augenblicke, als ›erster Diener des Stats‹ dem Vaterlande« und schreibt eigenhändig die »›Instruktion vohr den General Finck‹«; er überträgt ihm darin das Kommando über die »›Unglükliche Armée‹«, benennt die »›Desperaten umstände‹«, rät nur noch dazu, Zeit zu gewinnen und damit »›dem unglük einen anstandt‹« zu geben, erklärt seinen Bruder, den Prinzen Heinrich, zum Oberbefehlshaber und ordnet die Vereidigung der Armee auf den Thronfolger, den Prinzen Friedrich Wilhelm, seinen Neffen, an: »›Dießes ist der eintzige raht den ich bei denen unglüklichen umbständen im Stande zu geben bin, hette ich noch resourssen So wehre ich darbei geblieben‹« (Bd. 2, S. 214 f.).

44* *Epitre au Marquis d'Argens 8. Nov. 1761:* »Je vois en gémissant ses honneurs abolis, Tant d'États inondés d'avides ennemis, Du danger renaissant l'intarissable source, L'ennemi triomphant, le peuple sans ressource, Et partout le ravage & la destruction. Patrie! ô nom chéri! dans ton affliction Mon cœur, mon triste cœur te voue & sacrifie Les restes languissans de ma funeste vie. Loin de me consumer en soins infructueux, Je m'élance aussitôt dans ces champs périlleux« (Œuvres posthumes, Bd. 7, S. 333 f.).

Ode aux Germains 29. Mai 1760: »Sauvons au moins l'honneur, bravons la destinée ... A tant de nations contre vous conjurées, D'ambition, d'orgueil & d'audace enivrées ... « (Œuvres posthumes, Bd. 7, S. 134 f.); die Ode ist auf den 29. März 1760 datiert.

44 *sagt er am Schluß seiner Geschichte dieses Krieges:* Histoire de la

guerre de sept ans, Bd. 2 (= Œuvres posthumes, Bd. 4), Kap. 14, S. 273: »... que dans les grandes affaires il n'y a que la persévérance qui fasse surmonter aux hommes les périls & les dangers dont ils sont menacés«.

45* *Soulavie:* Jean-Louis Soulavie (1752-1813), französischer Schriftsteller; Mémoires historiques et politiques du règne de Louis XVI, depuis son mariage jusqu' à sa mort, 6 Bde., Paris 1801. Der Autor »gedenkt« darin »des vices et de lâcheté du despotisme dans sa décrépitude«, die er ebenso wie die Greuel der Revolution an der durch Napoleon geschaffenen Ordnung mißt: »La France fut heureuse et calme au dedans, elle fut puissante et respectée au dehors, quand le gouvernement et la société travaillèrent de concert à la felicité commune« (Bd. 1, S. V u. X). In dem zitierten Kapitel »Tableau politique de l'Europe, et ses relations avec la France, Depuis l'époque de l'avènement de Louis XVI à la couronne, jusqu'à la guerre de l'Amérique« heißt es über die Folgen der französisch-österreichischen Allianz von 1756: die protestantischen Nationen hätten ihre Blicke gerichtet »vers le roi de Prusse qui se trouvait en opposition nécessaire avec la cour de Vienne, et que l'alliance de 1756 rendait leur dernier et unique protecteur. C'est dès ce moment-là que le roi de Prusse devint par le fait, au préjudice de notre suprématie continentale et de notre crédit, le protecteur des libertés germaniques, l'asîle d'un parti persécuté, et le soutien des ennemis naturels de la maison d'Autriche« (Bd. 3, S. 288 f.).

45 *Noch als Koregent ... erklären:* Joseph II. (1741-1790), seit 1765 römisch-deutscher Kaiser, 1765-1780 Mitregent seiner Mutter Maria Theresia und nach ihrem Tod Alleinherrscher in Österreich.

45** *Favier:* Jean-Louis Favier (1720-1784), französischer Publizist; Conjectures raisonnées sur la situation actuelle de la France dans le systême politique de l'Europe, in: Politique de tous les cabinets de l'Europe, pendant les règnes de Louis XV et de Louis XVI, hrsg. v. Pierre Joseph Alexis Roussel, 2 Bde., Paris 1793. Dieses Sammelwerk enthält Dokumente zur auswärtigen Politik in den Zeiten Ludwigs XV. und Ludwigs XVI., die »les vues secrettes de tous les Potentats de l'Europe« und damit »le germe de tout ce qui arrive aujourd'hui« enthüllen sollen: »c'est un nouveau bienfait de la Révolution« (Bd. 1, Avertissement). Bei den »Conjectures« handelt es sich um eine Denkschrift, die Favier im April 1773 im Auftrag des Grafen Broglie, des zeitweiligen diplomatischen Beraters Ludwigs XV., abgefaßt hat; der Autor beklagt darin den Niedergang Frankreichs zu einer viertklassigen Macht, den er wesentlich auf die »subordination de la France aux vues, aux désirs de la cour de Vienne« (Bd. 1, S. 187) seit 1756 zurückführt, und plädiert daher für einen außenpolitischen Kurswechsel. An der zitierten Stelle geht es um das gewachsene Ansehen des Königs von Preußen im Reich: Friedrich strebe ein Arrangement mit Österreich über eine gemeinsame »domination en Allemagne« an, die das ganz von Wien abhängige Frankreich zu einer »contemplation purement passive« verurteilen müsse (ebd., S. 251 f.); der von Ranke angeführte Satz S. 251.

46 *Ausbildung des theologischen Systems:* Die schulmäßig-orthodoxe Ausbildung der Lutherischen Theologie seit dem 16. Jahrhundert, die eine Reorganisation der anderen Disziplinen nach sich zog.
eigentlich geistiges Verständnis: Selbständige Forschung im Gegensatz zur bloßen Aneignung und Weitergabe eines überkommenen Wissensstoffes.
der deutsche Geist: Die folgende Skizze reicht über das 18. Jahrhundert hinaus bis zu Rankes eigener Zeit.
zu einer poetischen Ergänzung: Die Romantik des ausgehenden 18. Jahrhunderts erweiterte ihr ursprüngliches Programm einer subjektivistischen oder individualistischen Erneuerung der Poesie, bei der zunächst alles auf Phantasie, Empfindung, Gefühl ankam, zu einer allgemeinen Weltanschauung, die auch eine Erneuerung der Religion und Theologie einschloß. Ranke denkt besonders an Schleiermacher, der in den »Reden über die Religion« von 1799 die Autonomie des religiösen Gefühls konstatiert und darauf später seine »Glaubenslehre«, ein Muster theologischer Systematik, aufbaut.

47 *die beiden Richtungen der deutschen Philosophie:* Als ihre Protagonisten erscheinen hier Schelling und Fichte, die kurze Zeit, 1798-1799, gemeinsam an der Universität Jena lehrten. Beide standen auf dem Boden der Kantischen Transzendentalphilosophie, die

die »kühnen« Versuche »zu einer neuen Erörterung des obersten Grundes aller Erkenntnis« eröffnet hatte, und bildeten sie auf verschiedenen Wegen zu einer neuen Metaphysik fort: Schelling auf dem Wege der Anschauung oder Intuition, Fichte auf dem Wege der begrifflich-logischen Konstruktion. Ranke stellt diese Positionen zuerst in Niederschriften während seiner Leipziger Studienzeit einander gegenüber: die Schellingsche Naturphilosophie erscheint hier als die »Naturansicht der Phantasie«, als »das Werk einer großen Phantasie, die aber ihr subjektives Wissen für objektive Wahrheit nimmt«: »nicht sowohl ein Produkt der Vernunft als der sich selbst spiegelnden Phantasie« (W. u. N. 3, S. 227); dagegen tritt der Fichtesche Gelehrte auf als »seine Welt umfassend aus klar durchschauter Idee und von dieser Idee aus in jeden Punkt seiner Welt frei einzugreifen vermögend«: »in der strengen und unverhohlenen Aufstellung der Wahrheit läßt er sich durch nichts irremachen« (W. u. N. 1, S. 495 u. 498).
Kritik und Altertumskunde: Von Winckelmann über Wolf bis zu Boeckh vollzog die Klassische Philologie die Wendung von der historisch-kritischen Erforschung der antiken Quellen zur historischen Vergegenwärtigung des griechisch-römischen Lebens selbst; damit ging einher, daß die Antike, die seit der Renaissance ein Gegenstand klassizistischer Verehrung war, immer mehr zu einem Gegenstand historischer Betrachtung und historischer Bildung wurde.
eine poetische Literatur: Über die nationale Bedeutung der modernen deutschen Dichtung handelt Ranke schon in einem früheren Beitrag zu seiner Zeitschrift (Über die Trennung und die Einheit von Deutschland, 1832): »Sie ist eins der wesentlichsten Momente unserer Einheit geworden; wir wurden uns derselben in ihr zuerst wieder eigentlich bewußt« (S. W. 49/50, S. 160).
darüber wundern: Nach Goethes Tod war in Deutschland die Überzeugung vom Ende der großen deutschen Dichtung verbreitet. Gervinus hat daraus ein Motiv zur Abfassung seiner »Geschichte der poetischen National-Literatur der Deutschen« (1835-1842) gewonnen, die zugleich einen politischen Ausweg wies: »Man habe den Mut, das Feld eine Weile brachliegen zu lassen und den Grund unserer öffentlichen Verhältnisse, auf dem alles wurzelt,

was ein Volk hervorbringen soll, neu zu bestellen und, wenn es sein muß, umzuroden, und eine neue Dichtung wird dann möglich werden, die auch einem reifen Geiste Genüsse bieten wird« (Georg Gottfried Gervinus, Schriften zur Literatur, hrsg. v. Gotthard Erler, Berlin 1962, S. 310f.). Dagegen proklamiert Ranke ein wissenschaftliches »Werk des deutschen Genius«: »die positive Wissenschaft« – die empirische, voran die historische Wissenschaft – »zu durchdringen, zu regenerieren«. Gervinus wiederum meint später im Rückblick auf die deutschen Gelehrten des Vormärz, daß sie, »je selbstgefälliger sie auf den Standpunct des wissenschaftlichen Wirkens zurücktraten, um so mehr die praktisch unfruchtbare Zeit durch desto gründlichere Vorarbeiten halfen urbar zu machen« (Geschichte des neunzehnten Jahrhunderts seit den Wiener Verträgen, Bd. 8, Leipzig 1866, S. 47).

48 *mit manchem Hindernis:* Man erkennt in der Rankeschen Formulierung die wesentlichen Gegensätze, die das Aufkommen des Historismus seit der Wende vom 18. zum 19. Jahrhundert geprägt haben: Theologie und Geschichte, Philosophie und Geschichte, Geschichtsschreibung und Geschichtsforschung. Zugleich wird deutlich, daß Rankes »Hoffnung« auf ein »eigenes Verständnis« der Historie nicht der schroffen Entgegensetzung, sondern der produktiven Vermittlung dieser Positionen gilt: das gemeinsame Programm der sich formierenden historistischen Geschichtswissenschaft.

doch kannte er ... ihn wohl: Friedrich, an den klassischen französischen Schriftstellern des 17. und 18. Jahrhunderts geschult, ignorierte oder verachtete die neue deutsche Literatur, die im Gegensatz gegen die französischen Muster emporkam; er bekundete seine Abneigung in seiner 1780 erschienenen Schrift »De la litterature allemande«. Dagegen steht das Zeugnis Goethes in »Dichtung und Wahrheit« (II 7), der sich durch die auch seinem »Götz« geltende Kritik des Königs nicht beirren ließ: »Der erste wahre und höhere eigentliche Lebensgehalt kam durch Friedrich den Großen und die Taten des Siebenjährigen Krieges in die deutsche Poesie. Jede Nationaldichtung muß schal sein oder schal werden, die nicht auf dem Menschlich-Ersten ruht, auf den Ereignissen der Völker und ihrer Hirten, wenn beide für einen Mann stehn«:

»Man tat alles, um sich von dem König bemerken zu machen, nicht etwa, um von ihm geachtet, sondern nur beachtet zu werden« (Johann Wolfgang Goethe, dtv-Gesamtausgabe, Bd. 23, München 1962, S. 63 f.). Dazu noch eine Tagebuchnotiz Rankes von 1816/17: »Man tadelt Friedrich den Großen, daß er die deutsche Literatur verachtet. Trotz dieser Verachtung darf man sagen, daß er ihr unendlich genützt habe. – Deutschland war gespalten; aus der Geschichte ist es klar, daß, wo nicht irgend in dem Zwist Harmonie ist, durchaus kein freies Leben aufkommt; um einen Punkt müssen sich die Geister versammeln, um an einander sich zu entzünden. Dieser Punkt ward in der Mitte des vorigen Jahrhunderts Friedrich der Große: er hatte dem deutschen Volk eine überschwengliche Bewunderung eingeflößt, und erst seit ihm hat die Literatur Fortschritte gemacht« (W. u. N. 1, S. 173).
die Formen; das Wesen: Die »Formen« sind die »der europäischen Ordnung der Dinge« eigentümliche »rechtliche, ja juridische Natur« (s. o. S. 20 f.) und »der Begriff des europäischen Gleichgewichtes« (s. o. S. 23), die »die allgemeine Freiheit und Sonderung« (s. o. S. 23) sichern sollen: ein durch Völkerrecht, Diplomatie und Allianzen »verwickeltes politisches System«, um die Unabhängigkeit aller Staaten zu gewährleisten. Das »Wesen« ist der Aufstieg der »großen Staaten«, die in diesen »Formen« um Selbstbestimmung und Selbstbehauptung ringen. Ranke grenzt sich mit dieser Unterscheidung etwa von Heeren (s. o. S. 167 f.) ab, der die »Formen« für das »Wesen« hält. Heeren bezieht die »Geschichte des Europäischen Staatensystems« auf eine naturrechtliche Theorie: das System gilt ihm nach seinem »allgemeinen Charakter«, in Analogie zur »bürgerlichen Gesellschaft«, »als eine Gesellschaft unabhängiger Personen« mit der Aufgabe, die allen diesen Personen von Natur aus zustehende »Selbstständigkeit und wechselseitige Unabhängigkeit« zu schützen, »wie ungleich sich auch diese an Macht seyn mochten«, und dabei insbesondere »die Heiligkeit des anerkannt rechtmäßigen Besitzstandes, ohne welche überhaupt kein solches System bestehen kann«, zu wahren (Handbuch, [4]Göttingen 1822, Bd. 1, S. VI, 6 u. 12); die Geschichte des Systems besteht ihm darin, daß dieser Rechtscharakter, durch alle Rückschläge und Katastrophen hindurch, immer

deutlicher heraustritt oder bewußt wird: Inbegriff »der fortschreitenden Kultur« oder Zivilisierung der Menschheit (ebd., S. 9 u. 11); Völkerrecht und Gleichgewicht, die wichtigsten »Stützen« des Systems (ebd., S. 11), scheinen ihm diese fortgesetzte Verrechtlichung zu garantieren; das Handeln der »Hauptstaaten« oder »Hauptmächte« wird danach bewertet, inwieweit aus ihm »ein rechtlicher Zustand« hervorgegangen ist (ebd., S. 6 u. 11; Bd. 2, S. 26). Ranke trifft in dieser naturrechtlichen Betrachtungsweise auf eine Spielart jenes universalistischen Denkens, gegen das die »Historisch-politische Zeitschrift« gerichtet ist. Andererseits konnte er von einem Autor wie Heeren eine Menge über die »Formen« lernen, mit denen er das »Wesen« des europäischen Staatensystems umkleidet; das Heerensche »Handbuch« bietet reiches Material über »ein künstlich verwickeltes politisches System«: »ein Gewebe von Unterhandlungen, von Bündnissen und Gegenbündnissen«, das »die immer enger werdende Verflechtung des Staatensystems von Europa auffallend charakterisirt« (Bd. 1, S. 278). In der im Wintersemester 1833/34 gehaltenen Vorlesung über »Neuere Geschichte« rühmt Ranke »das Verdienst« des »Handbuchs«: »die Paragraphen sind immer wohl durchdacht; voll von Inhalt« (W. u. N. 4, S. 115 f.).

49 *ein Dichter:* Man mag an Lukrez (s. o. S. 171) oder einen anderen antiken Dichter denken: »Quis potis est dignum pollenti pectore carmen condere pro rerum maiestate hisque repertis?« (De rerum natura, V 1-2).

Prinzipien: Verwandte oder analoge Ausdrücke: »ursprüngliches Element« und »Interessen« (s. o. S. 49); terminologischer Anschluß an Montesquieus »principe du chaque gouvernement« und »esprit général« (De l'esprit des lois, III ff. u. XIX 4). Ranke setzt Prinzipien verschiedener Qualität und Reichweite ein: religiös-konfessionelle, stammesmäßige, nationale, institutionelle, geographische. Alle diese Prinzipien verhalten sich zu den einzelnen Staaten, in denen sie »Darstellung« und »Ausdruck« finden, wie Allgemeines zu Besonderem, aber so, daß das Allgemeine jeweils untrennbar im Besonderen enthalten ist. Sie sind keine außergeschichtliche Macht, die vor oder über den einzelnen Staaten steht, sondern ein Erzeugnis der Geschichte, das die einzelnen Staaten im Zuge ihrer konkreten Entwicklung annehmen und umbilden. Ein Merkmal dieser Individualisierung ist, daß jede der neuen Großmächte auf einer Kombination verschiedener Prinzipien beruht oder aus verschiedenen Prinzipien ein neues Prinzip hervorbringt, das nur ihr angehört. Ranke hat dieses kombinatorische Verfahren in den »Epochen der neueren Geschichte« zu höchst komplizierten Gebilden gesteigert; dort heißt es über das vorrevolutionäre Staatensystem: »So hatten sich nach und nach diese fünf unabhängigen Mächte gebildet, welche alle auf etwas verschiedenen Prinzipien beruhen: 1. Frankreich auf dem katholischen und monarchischen Prinzip, welches aber noch mit hierarchischen Tendenzen vereinigt ist, ein Prinzip, welches zugleich romanisch war; 2. England auf dem germanisch-maritimen und parlamentarischen Prinzip; 3. Rußland auf dem slawisch-griechischen Prinzip, verbunden mit der Tendenz, in materieller Beziehung sich die Kultur des Abendlandes anzueignen; 4. Österreich auf dem katholisch-monarchisch-deutschen Prinzip; 5. Preußen auf dem deutsch-protestantisch-militärisch-administrativen Prinzip« (W. u. N. 2, S. 401).

In ihrem Aufkommen ... vorhergingen: Ranke faßt den bisherigen Ertrag der »Großen Mächte« nochmals in der Einleitung zu seiner Vorlesung »Neuere Geschichte« vom Wintersemester 1833/34 zusammen, die eine Übersicht über die geplante Kapitelfolge gibt: »Viertes Kapitel. Ausbildung und Erhebung der europäischen Großmächte. Müde, möchte man sagen, der vielen Religionskriege, wenden sich die vorzüglicheren Staaten auf die Ausbildung ihrer politischen Macht. Frankreich tritt zuerst in die Reihe der Hauptmächte ein und gewinnt durch die Einsetzung bourbonischer Dynastien in dem Süden von Europa ein bedeutendes Übergewicht; England behauptet seit dem Anfange des 18. Jahrhunderts durch seinen Einfluß auf die merkantilen Verhältnisse des Festlandes und durch die Herrschaft zur See eine der ersten Stellen in Europa; Österreich, von nicht so alter Größe, als man gewöhnlich glaubt, gewann durch den ruhigen Besitz Ungarns und durch die Schwächung der Türken am Ende des 17. Jahrhunderts nachhaltige Stärke; Rußland äußert seinen auf ungeheuren Länderumfang und Volksmassen gegründeten Einfluß auf Europa seit dem in den Anfang des 18. Jahrhunderts fallenden Untergang des schwedischen Prinzipats, und Preußen, eine deutsche protestantische Macht, erhielt unter dem großen Friedrich seine glänzende Bestimmung, Träger des europäischen Gleichgewichts zu sein. Aber diese Ausbildung der Hauptmächte geschah durch die finanziell-militärische Umbildung der Staaten, welche die Souveräne dieser Zeit bewirkten, und durch die Verfolgung einer streng monarchischen Tendenz in der Befestigung der ausübenden Gewalt« (W. u. N. 4, S. 110). Ein Jahr vorher, in einer Vorlesung zur »Geschichte der letzten fünfzig Jahre«, kommt Ranke überhaupt zum erstenmal auf die »Ausbildung der großen Mächte« zu sprechen: »es ist der Sinn der gegenwärtigen Lage der Dinge« (ebd., S. 90 f.). Zwischen beiden Vorlesungen – die »Großen Mächte« erscheinen im August 1833 – bringt Ranke sein Konzept auf den Begriff.

50 *seine amerikanischen Interessen:* Seine kolonialen Interessen in Nordamerika: Frankreich besaß Kanada und Louisiana und war bestrebt, die Lücke zwischen beiden Kolonien immer weiter zu verringern und damit zugleich den an der Ostküste sitzenden Engländern den Weg nach Westen zu versperren.

die Jakobiten: Die Anhänger des 1688 aus England vertriebenen Stuart-Königs Jakob II. sowie seines Sohnes und Enkels, die im französischen Exil lebten, in Schottland, Irland und England. Frankreich versuchte im Zusammenspiel mit ihnen wiederholt vergeblich die Stuarts nach England zurückzuführen; das letzte Unternehmen dieser Art fand 1745/46, während des Österreichischen Erbfolgekrieges, statt.

Chatam: William Pitt d. Ä., first Earl of Chatham (1708-1778), britischer Staatsmann, 1756-1761 Außenminister und zugleich der eigentliche Leiter der britischen Politik, 1766-1768 Premierminister; Ranke sieht ihn in seiner späteren »Ansicht des siebenjährigen Krieges« als den Mann, »welcher alle Kräfte der Nation zum bevorstehenden Kampfe über die Seeherrschaft aufzurufen wußte«, »der die vorhandenen Hülfsquellen zu erschließen und alle Nationalkräfte zu dem bestimmten Zweck zu vereinigen verstand« (S. W. 30, S. 288 f.). Den Pitt hier zugeschriebenen Satz konnte Ranke bei John Almon, Anecdotes of the Life of the Right

Hon. William Pitt, Earl of Chatham, Bd. 1, ^{7}London 1810, S. 247 finden: »the minister emphatically said, ›That America had been conquered in Germany‹«.

verloren sie ... Amerika: Frankreich verlor im Siebenjährigen Krieg alle seine Besitzungen auf dem nordamerikanischen Kontinent.

die Teilung von Polen: Erste Teilung Polens zwischen Rußland, Österreich und Preußen 1772.

51 *die stipulierte Entwaffnung der Flotte:* In einer geheimen Zusatzerklärung zum Frieden von Paris am Ende des Siebenjährigen Krieges (1763) hatte sich Frankreich gegenüber England dazu verpflichtet, künftig seine Kriegsmarine über ein gewisses Maß hinaus nicht zu vergrößern.

Familienvertrag: Zweiter bourbonischer Familientraktat von 1761, der den Vertrag von 1733 (s. o. S. 163 f.) erneuerte.

der Turiner: Savoyen.

die französische Faktion siegte endlich in Schweden: Der mit französischer Unterstützung unternommene Staatsstreich Gustavs III. von 1772 (s. o. S. 163) beendete mit der Adelsherrschaft zugleich den zuletzt vorherrschenden russischen Einfluß und führte zu einem neuen Bündnis mit Frankreich.

51* *Fr. Gentz:* Friedrich Gentz (1764-1832), deutscher Schriftsteller und Staatsmann, seit 1802 im österreichischen Staatsdienst, dabei zuletzt publizistischer Gehilfe Metternichs. Ranke lernte ihn 1827/28 in Wien kennen und wurde durch diesen »Mann von Geist, der ganz in seiner Weltstellung lebte und sie jeden Augenblick überschaute«, in das damalige »Verhältnis der großen Mächte«, in den Stand »der großen Angelegenheiten« eingeführt (autobiographisches Diktat vom Dezember 1875, S. W. 53/54, S. 48 f.); er rühmt den »Verstand, die Weltklugheit, die Offenheit und Güte dieses Mannes«: »Ich gehe nie ohne eine neue Anschauung oder Belehrung über irgend ein Ding dieser Welt von ihm weg« (Das Briefwerk, S. 129). Das von Ranke angeführte Werk: Von dem Politischen Zustande von Europa vor und nach der Französischen Revoluzion. Eine Prüfung des Buches: De l'état de la France à la fin de l'an VIII, 2 Bde., Berlin 1801; Gentz will darin, gegen dieses 1800 erschienene Buch, das von dem französischen

Diplomaten Alexandre d'Hauterive, einem Sprachrohr des Ersten Konsuls Napoleon Bonaparte, stammt, nachweisen, daß im vorrevolutionären Europa ein relativ geordnetes »Föderativ-System«, basierend auf innerstaatlichen Reformen, politischem Gleichgewicht der Staaten untereinander und Völkerrecht, bestanden habe und daß die Revolution und die Revolutionskriege dieses System zerstört hätten, um an seiner Stelle ein alles erdrükkendes französisches Übergewicht hervorzubringen. Rankes »Große Mächte« haben mit dieser Schrift neben der Wendung gegen den französischen Anspruch auf universale Herrschaft das Konzept der großen Mächte selbst gemeinsam; dazu Gentz, Bd. 1, S. 90-92, wo es um »den Politischen Zustand von Europa vor und bei Ausbruch der Französischen Revoluzion« geht. Die Rankesche Anmerkung bezieht sich auf den unmittelbar folgenden Abschnitt über die außenpolitische Stellung Frankreichs vor 1789 (S. 92 ff.); Gentz schreibt zusammenfassend: »Die Rolle welche Frankreich unter Ludwig dem XVI, besonders vom Ausbruch des Amerikanischen Krieges, bis zum Ausbruch der Gährungen in seinem Innern gespielt hat, war nichts weniger als die einer in Nichtigkeit und Verachtung gesunknen, in Europa vergeßnen, ihres ganzen ehmaligen Ansehens beraubten Macht. Sie zeigte, daß Frankreich noch alles besaß, was ein Staat vom ersten Range besitzen, verlangen, und behaupten kann. Sie zeigte, daß Frankreich noch immer auf der Stelle stand, die ihm in dem politischen System gebührte, zu der es durch seine innre Größe, und durch seine auswärtigen Verhältnisse berufen war. Sie zeigte, daß, was sich auch in der Zwischenzeit verändert haben mogte, doch nichts in Europa vorgegangen war, wodurch Frankreich seinen rechtmäßigen Einfluß verloren hätte. Und eine unparteiische Uebersicht seiner damaligen politischen Lage bekräftigt diese unleugbare Wahrheit, und nimmt sie gegen alle Deklamazionen der Unzufriedenheit, der Sophisterei, oder einer undankbaren Geringschätzung vergangner Güter in Schutz« (S. 103 f.). Ranke hat im übrigen diesen Abschnitt für seine eigene Skizze stark benutzt; die vorstehenden Bemerkungen über Frankreichs Beziehungen zur Türkei, zu Spanien, Italien und Schweden gehen direkt auf Gentz zurück (S. 105, 106 f., 109 u. 112 f.).

52 *einen reformatorischen Charakter:* Gemeint ist das seit der Mitte des 18. Jahrhunderts immer stärker aufkommende Streben nach inneren Reformen, dem sich auch die Regierung nicht entziehen konnte.

der amerikanische Krieg: Der Amerikanische Unabhängigkeitskrieg (1775-1783), in dem sich die dreizehn alten englischen Kolonien in Nordamerika vom Mutterland losrissen. Die Amerikaner waren dabei mit Frankreich, Spanien und Holland verbündet und konnten sich obendrein auf die Neutralität der übrigen europäischen Staaten stützen; England war völlig isoliert.

53* *Segur:* Louis Philippe, Graf von Ségur d'Aguesseau (1753-1830), französischer Staatsmann und Schriftsteller; Mémoires ou souvenirs et anecdotes, 3 Bde., Paris 1824-1826. Der Autor ist nach seinem wechselvollen Leben in allen Epochen der neuesten französischen Geschichte davon überzeugt, »que cette esquisse de ma vie pourrait être piquante et intéressante«: »J'ai dû voir les hommes et les objets sous presque toutes les faces«; er schildert »pour le moment« die Zeit bis zur Französischen Revolution, in der seine Teilnahme am Amerikanischen Unabhängigkeitskrieg und seine diplomatische Mission nach Rußland 1783-1789 im Vordergrund stehen (Bd. 1, S. 3f.). Der volle Wortlaut des von Ranke zitierten Abschnitts: »Comme c'était pour la liberté que la guerre se faisait alors entre les Américains et les Anglais, cette même liberté s'offrait à nous avec tous les attraits de la gloire; et, tandis que des hommes plus mûrs et les partisans de la philosophie ne voyaient dans cette grande querelle qu'une favorable occasion pour faire adopter leurs principes, pour mettre des limites au pouvoir arbitraire, et pour donner la liberté à la France, en faisant recouvrer aux peuples des droits qu'ils croyaient imprescriptibles, nous, plus jeunes, plus légers et plus ardens, nous ne nous enrôlions sous les enseignes de la philosophie que dans l'espoir de guerroyer, de nous distinguer, d'acquérir de l'honneur et des grades; enfin c'était comme paladins que nous nous montrions philosophes« (richtig: ebd., S. 147f.); »philosophie« ist hier der Inbegriff der Lehren der Aufklärung mit ihren Forderungen nach individueller und politischer Freiheit.

53 *die Unabhängigkeit eines englischen Pairs:* Die Unabhängigkeit eines

Mitglieds des Oberhauses; in diesem Sinne kam Ségur ans Ziel seiner Wünsche, als ihm 1814 von Ludwig XVIII. die Mitgliedschaft in der nach dem englischen Vorbild neugeschaffenen Pairskammer verliehen wurde.

des Hauses der Gemeinen: Des Unterhauses.

in den entscheidenden Schlachten: Die englische Marine konnte die britischen Inseln gegen vier Invasionsversuche schützen und vernichtete 1782 die französische Kriegsflotte in Westindien.

der republikanischen Neigungen: Ranke versteht darunter alle auf die Einschränkung oder Entmachtung der Krone gerichteten Bestrebungen.

Türgot: Anne Robert Jacques Turgot, Baron de l'Aulne (1727-1781), französischer Staatsmann und Schriftsteller, unternahm 1774-1776 als Generalkontrolleur der Finanzen den großangelegten Versuch einer von der Sanierung der Staatsfinanzen ausgehenden inneren Reform der absoluten Monarchie; er scheiterte damit am Widerstand einer aus allen Ständen kommenden Opposition.

53** *Düc de Richelieu:* Louis François Armand Duplessis, Herzog von Richelieu (1696-1788), französischer Hofmann, Diplomat und General. Der zitierte Ausspruch bei Soulavie, Mémoires (s. o. S. 173), Bd. 3, S. 203; der Autor gibt ein Gespräch mit Richelieu wieder, in dem dieser die Minister Turgot und Malesherbes als Verbündete Englands hinstellt: »En France, on dirigeait les troubles des colonies anglaises. En Angleterre, on s'efforçait de bouleverser l'intérieur de notre cabinet. M. Turgot était vendu à l'Angleterre. M. de Malesherbes était son instrument aveugle. M. Turgot n'était pas vendu à l'Angleterre pour de l'argent, c'était un homme pur: mais il était d'accord avec les anglais pour bouleverser la France, humilier les grands de l'état, éternels ennemis de l'Angleterre, et nous brouiller avec l'Autriche devenue notre force et notre appui, même par sa seule inaction pendant la guerre imminente et présumée de la France et de l'Angleterre. Il y avait de tous tems une alliance secrète que j'ai vu jusques dans le sein des académies, entre les philosophes du tems et les anglais«.

54 *Necker:* Jacques Necker (1732-1804), französischer Bankier, Staatsmann und Publizist aus Genf, 1777-1781 und 1788-1789 Finanzminister.

Vergennes: Charles Gravier, Graf von Vergennes (1717-1787), französischer Staatsmann, seit 1774 Außenminister.

54* *Flassan:* S. o. S. 146f. Die zitierte Stelle lautet: »M. de Vergennes écrivait déjà au roi, le 27 de septembre 1780: ›Votre majesté a entendu hier les détails que M. le comte de Maurepas lui a faits de la situation de ses finances; ils sont véritablement alarmans, et semblent ne laisser d'autre ressource que la paix, et la paix la plus prompte‹«; Jean-Frédéric Phélypeaux, comte de Maurepas (1701-1781) war seit 1774 Premierminister.

54 *Abschluß desselben:* Pariser Friede vom 3. September 1783.

Pitt: William Pitt d.J. (1759-1806), britischer Staatsmann, 1782-1783 Schatzkanzler, 1783-1801 und 1804-1806 Premierminister.

durch große Maßregeln: Pitt beseitigte durch neue Zölle und Auflagen das Haushaltsdefizit und »schritt« sodann »zu der großen Maßregel, die dem Kredit auf immer eine feste Grundlage geben sollte«: »der Festsetzung eines Tilgungsfonds« zur Verzinsung und Tilgung der Staatsschuld (S. W. 12, S. 339f.).

die französischen Finanzen: »Alle Versuche, ein Gleichgewicht der Ausgabe und Einnahme herzustellen, waren vergeblich; die gemachten Anleihen luden eine Zinsenlast auf den Staat, die für seine regelmäßigen Hülfsquellen zu groß war« (Ursprung und Beginn der Revolutionskriege 1791 und 1792, 1875, S. W. 45, S. 25).

die Forderungen, welche Östreich an Holland machte: Joseph II., der die österreichischen Niederlande stärker am Welthandel beteiligen wollte, forderte 1784 von Holland die Öffnung der seit 1648 blokkierten Scheldemündung und zugleich, um die Holländer in dieser Angelegenheit verhandlungsbereit zu machen, die Abtretung einer ganzen Reihe von Plätzen und Distrikten. Frankreich, mit beiden Seiten verbündet, wendete den drohenden Krieg dadurch ab, daß es den Kaiser 1785 bewog, sich außer geringfügigen territorialen Zugeständnissen mit einer Geldentschädigung zufriedenzugeben, die es obendrein selbst zur Hälfte aufbringen mußte; die französische Öffentlichkeit sah darin die Schmach einer Tributzahlung an den traditionellen Hauptgegner der Monarchie. Ranke wiederholt seine Sicht 1871/72 in dem Werk »Die deutschen Mächte und der Fürstenbund« (S. W. 31/32, S. 133ff. u. 173ff.).

55 *seine Absichten auf Baiern:* Joseph II. versuchte zweimal, 1777 und 1784, Bayern an Österreich zu bringen, zuletzt dadurch, daß der Kurfürst von Bayern im Tausch die österreichischen Niederlande erhalten sollte. Der erste Versuch scheiterte im Bayerischen Erbfolgekrieg von 1777/78, der zweite am Deutschen Fürstenbund von 1785. Beide Male war Friedrich d. Gr. der Organisator des Widerstandes; Frankreich beschränkte sich darauf, zwischen den Gegnern zu lavieren. Das belgisch-bayerische Tauschprojekt ist ein Hauptgegenstand in Rankes Buch über den Fürstenbund.
mit den sogenannten Patrioten von Holland: Ranke spielt hier auf die niederländische Krise von 1787 an. Die Patrioten oder Republikaner, die gleichermaßen altständisch wie bürgerlich-demokratisch geprägte Partei der Provinzen und Städte, die, angeführt von den Ständen der Provinz Holland, in Opposition zu den monarchischen Tendenzen des Erbstatthalters stand, ließen den Konflikt seit 1785 bis zum offenen Bürgerkrieg eskalieren. Sie hatten dabei an Frankreich Rückhalt, das in ihnen den Garanten des seit dem amerikanischen Unabhängigkeitskrieg bestehenden niederländischen Bündnisses sah. Als aber Preußen, im Einvernehmen mit England, zugunsten des Erbstatthalters intervenierte und die Erhebung in wenigen Wochen niederschlug, hielt sich Frankreich abseits und war damit vor aller Welt gedemütigt. Anlaß für das preußische Eingreifen war eine der Gemahlin des Erbstatthalters, Schwester Friedrich Wilhelm II. von Preußen, zugefügte Beleidigung: ihre Behinderung auf einer Reise von Nimwegen nach Den Haag im Juni 1787. Der König verlangte daraufhin in einer Erklärung vom 11. Juli 1787 von den holländischen Ständen Genugtuung; die lediglich ausweichende Antwort, der noch ein ähnlicher Notenwechsel folgte, gab ihm freie Hand für die alsbald beginnende militärische Aktion. Die »zunehmende Schwäche« und »Demütigung« Frankreichs durchzieht auch Rankes Darstellung der holländischen Krise im Buch über den Fürstenbund (S. W. 31/32, S. 218ff.).
da eben damals ... zu registrieren: Die Parlamente, die obersten Gerichtshöfe in Frankreich, unter denen das Pariser Parlament der älteste und wichtigste war, hatten die Befugnis, die königlichen Ordonnanzen zu protokollieren oder zu registrieren und damit

rechtskräftig zu machen; sie konnten die Registrierung verweigern und mußten sich lediglich in Gegenwart des Königs selbst beugen. Das Pariser Parlament wies am 6. Juli, am 16. Juli und am 2. August 1787 zwei neue Steuern, eine Stempelsteuer und eine von allen Ständen zu erhebende Grundsteuer, zurück und erklärte eine ihr am 6. August in Anwesenheit des Königs aufgezwungene Registrierung anderntags für nichtig.

in jener berühmten Sitzung am 15. August: Ranke meint die Sitzung vom 13. August 1787. Die Grand' chambre, die für die eigentliche Führung der Prozesse zuständige Hauptkammer des Pariser Parlaments, die das Registrierungsrecht ausübte, nahm an diesem Tag eine Erklärung an, die, im Einklang mit früheren Beschlüssen, die Erhebung neuer Steuern von der Zustimmung der Generalstände abhängig machte, die, aus Deputierten der Geistlichkeit, des Adels und des Dritten Standes bestehend, zuletzt 1614 einberufen worden waren. Der erste Präsident ließ diese Erklärung nach der Sitzung öffentlich verlesen. Seit Wochen gab es ein Zusammenspiel zwischen dem Parlament und dem Volk von Paris. Tausende von Menschen strömten Tag für Tag vor den Justizpalast, drängten sich in den Gängen, warteten vor den Türen der Grand'chambre das Ende der Sitzungen ab, trugen die ihnen von einzelnen Parlamentsräten mitgeteilten Beschlüsse nach draußen. Der öffentliche Auftritt des ersten Präsidenten nach der Sitzung am 13. August, auf dem Höhepunkt des Konflikts, wirkte wie ein Appell an die Nation. Der König beantwortete diese Herausforderung zwei Tage später mit der Verbannung des Parlaments nach Troyes.

Eben damals ... auf die Türkei: Rußland eröffnete den Krieg im Sommer 1787, Österreich folgte im Winter 1787/88.

55* *in den Briefen Josephs II:* Briefe von Joseph dem Zweyten, als charakteristische Beiträge zur Lebens- und Staatsgeschichte dieses unvergeßlichen Selbstherrschers. (Bis jetzt ungedruckt), [2]Leipzig 1822; der zitierte Brief Josephs an Kaunitz vom Juni 1787 endet mit der Erwartung eines bevorstehenden russischen Vorstoßes bis zum Hellespont, »dem ich aber auf der Seite Rumeliens nothwendig zuvorkommen muß« (S. 106). Obwohl sich diese Briefsammlung bald darauf als Machwerk eines ehemaligen Wiener Hofsekretärs herausstellte, verzichtete Ranke, dem inzwischen »die originale Korrespondenz zwischen dem Kaiser und dem Staatskanzler in dem Archiv zu Wien« vorlag (S. W. 31/32, S. 54), beim Wiederabdruck der »Großen Mächte« 1872 auf eine Richtigstellung (s. o. S. 137).

Kaunitz: Wenzel Anton, Reichsfürst von Kaunitz-Rietberg (1711-1794), österreichischer Staatsmann, seit 1753 Staatskanzler.

56 *des Erzbischofs vom Brienne:* Etienne Charles de Loménie, Graf de Brienne (1727-1794), französischer Kirchenfürst und Staatsmann, 1763 Erzbischof von Toulouse, 1787-1788 Premierminister, 1788 Erzbischof von Sens und Kardinal.

auch zu Lande: Im amerikanischen Unabhängigkeitskrieg hatte sich die französische Marine einige Zeit als überlegen erwiesen.

56* *Levis:* Pierre-Marc-Gaston, Duc de Lévis (1755-1830), französischer Politiker und Schriftsteller; Souvenirs et portraits. 1780-1789, Paris 1813. Das ehemalige Mitglied der konstituierenden Nationalversammlung spart hier nicht mit Kritik. Ranke zitiert das scharfe Urteil über die Haltung Briennes in der holländischen Krise von 1787: »On abandonna lâchement le parti que l'on avoit encouragé, que l'on avoit promis de défendre, et que l'intérêt, autant que l'honneur, ordonnoient de secourir« (S. 107). »Le cardinal de Loménie, par une pusillanimité perfide, imprima à l'honneur nationale une tache qui ne peut être lavée que par des flots de sang: cette conduite honteuse consterna les militaires, et indigna tous les François; elle ne me surprit point; je connoissois les opinions politiques de ce ministre, depuis une audience qu'il m'avoit donnée, à l'occasion de la mort de mon père« (S. 107f.); dieser, ein Marschall von Frankreich, war im gleichen Jahr gestorben. Gefragt, welches Ansehen die Franzosen in den von ihm bereisten Ländern besäßen, klagt Lévis über die durchgängige militärische Geringschätzung Frankreichs: »Le cardinal-ministre écouta ce récit avec beaucoup trop de sang-froid; mais lorsque j'ajoutai que je voyois avec plaisir approcher le moment de rabaisser tant d'orgueil, que ce qui se passoit en Hollande devoit bientôt nous donner la guerre, ou du moins nous placer dans une attitude qui montreroit que nous ne la craignions pas, le cardinal m'interrompit avec vivacité pour me dire que c'étoit fort bien fait aux jeunes gens comme moi, de montrer du zèle, mais que la France n'étoit point en état de se mêler des querelles de ses voisins; que la Hollande avoit ses inondations pour la défendre, comme nous avions nos places fortes. Cette ignorance des intérêts réels de l'état, et cette prudence ruineuse, firent une impression profonde sur moi« (S. 109-111).

57 *eine östreichische Prinzessin, die unglückliche Königin:* Marie Antoinette (1755-1793), Tochter der Kaiserin Maria Theresia, heiratete 1770 den Dauphin von Frankreich, seit 1774 König Ludwig XVI.; sie wurde schließlich ein Opfer des revolutionären Terrors. »Der Widerwille gegen Österreich wendete sich gegen sie selbst« (S. W. 45, S. 111).

das Trugbild eines östreichischen Ausschusses: Ranke kommt nochmals in seiner Schrift über die Revolutionskriege, als er die Stimmung in Frankreich nach Kriegsbeginn schildert, auf die angebliche Tätigkeit eines »Comité autrichien« zurück, »das nur im Sinne der Invasion handele und mit den wildesten Absichten umgehe« (S. W. 45, S. 180).

die allgemeine Entrüstung, die Gärung und Wut der Menge: »Man darf mit Grund behaupten, daß die österreichisch-französische Allianz eines der wesentlichsten Motive der Revolution ausgemacht hat« (S. W. 45, S. 111).

Allenthalben: Ranke meint hier die Reformen des heute sogenannten »aufgeklärten Absolutismus« in den Monarchien Mittel-, Ost- und Südeuropas in der zweiten Hälfte des 18. Jahrhunderts. Sie sollten, mit von Land zu Land verschiedener Akzentuierung und Reichweite, die Fürstenmacht durch eine Modernisierung von Staat und Gesellschaft stabilisieren. Fast überall stand dabei der aus der »eigenen Tendenz« der absoluten Monarchie hervorgegangene Versuch im Zentrum, »die alten Berechtigungen«, d. h. die Vorrechte, insbesondere die Steuerprivilegien der oberen Stände, abzubauen und damit die politisch schon weithin vollzogene Nivellierung oder Egalisierung der Untertanen gesellschaftlich zu vollenden.

endlich unternahm man es auch in Frankreich: Ranke überblickt in der Folge die innere Geschichte Frankreichs von den Reformen Turgots (1774-1776) bis zum Beginn der Revolution: die am Widerstand der Parlamente gescheiterten Versuche der Regierung, auch Adel und Klerus zu besteuern; die unter parlamentarischem Druck verfügte Einberufung der Generalstände, aber mit Verdoppelung des Dritten Standes, um damit ein Gegengewicht gegen die beiden oberen Stände zu gewinnen; die neue Lage nach dem Zusammentreten der Generalstände, als die Regierung vor dem Machtanspruch des Dritten Standes zurückwich, sich Adel und Klerus näherte, aber mit beiden unterlag; am Ende damit gleichermaßen die Revolutionierung der Gesellschaft und des Staates. Ranke hat diese Skizze in seinem Werk über die Revolutionskriege ausgeführt (S. W. 45, S. 22ff.); vgl. auch S. W. 12, S. 338ff.

59 *die bestehenden mittleren Gewalten:* Die privilegierten Stände, die zwischen dem Fürsten und der Masse der Untertanen standen; der Begriff geht auf Montesquieu zurück, der die Einrichtung von »pouvoirs intermédiaires« oder »rangs intermédiaires« als für eine Monarchie konstitutiv erklärt (De l'esprit des lois, II 4).

jene gewaltige Explosion ... nach außen fort: Das ist das Thema von Rankes Schrift über den »Ursprung und Beginn der Revolutionskriege 1791 und 1792«.

60 *des ersten ... Sieges:* Welche Auswirkungen diese »berühmte Kanonade von Valmy«, ein unentschiedenes Duell zwischen französischer und preußischer Artillerie am 20. September 1792, für den weiteren Kriegsverlauf hatte, führt Ranke in dem späteren Werk aus (S. W. 45, S. 235ff.): »In den Franzosen erwachte die Hoffnung, durch ihre Prinzipien und den Anlauf ihrer Truppen in Europa Meister zu werden« (S. 247).

die einseitige Koalition von 1799: Die 1798 gebildete Koalition zwischen Rußland, Großbritannien, Österreich, Portugal, Neapel und der Türkei blieb deswegen »einseitig«, weil Preußen ihr nicht beitrat, das »an dem System des Friedens und der Neutralität« festhielt (Denkwürdigkeiten des Staatskanzlers Fürsten von Hardenberg, 1877/78, historische Darstellung des Herausgebers, S. W. 46-48, hier S. W. 47, S. 18).

ein unglücklicher Zwiespalt: Die politisch-militärische »Eifersucht« zwischen Rußland und Österreich, bald auch zwischen Rußland und Großbritannien führte dazu, daß der Zar im Jahre 1800 aus der Koalition ausschied. Ranke macht in seinem Hardenberg-Buch diesen »vollständigen Umschwung der Verhältnisse« an der alliierten Eroberung von Ancona im November 1799 sinnfällig: »Russen und Türken hatten gemeinschaftlich die Belagerung von Ancona unternommen, zugleich mit einem italienischen Aufgebot, welches die größte Hingebung bewies. Der Führer desselben hat wohl gesagt: er kämpfe dabei für eine künftige italienische Republik. Die Belagerung ist wegen des Zusammentreffens so verschiedenartiger Elemente, die dabei alle zum Ausdruck gelangten, und einiger Handlungen der Tapferkeit von beiden Seiten sehr bemerkenswert. Schon war sie in ziemlich gutem Fortgang, als die Österreicher anlangten, welche ohne Mitwirkung der beiden anderen Beteiligten den französischen General zur Kapitulation nötigten. Sie zogen dann allein in die Festung ein und wollten selbst die Flaggen weder der Türken noch auch der Russen, die an dem Molo aufgepflanzt wurden, dulden; nur die österreichische sollte daselbst wehen. Darin sah nun Kaiser Paul eine schwere nationale und persönliche Beleidigung« (S. W. 47, S. 25 u. 28).

61 *England ... auszuschließen:* Höhepunkt war die Verkündung der Kontinentalsperre im Jahre 1806 und damit »die Ausdehnung der kommerziellen Feindseligkeit Frankreichs gegen England über den Kontinent« (S. W. 48, S. 33).

in wiederholten Kriegen ... zu berauben: Österreich verlor in drei Kriegen zwischen 1792 und 1805 Mailand (an die Cisalpinische Republik, das nachmalige Königreich Italien), die vorderösterreichischen Länder (zunächst an den depossedierten Herzog von Modena, dann an Baden und Württemberg) und Tirol (an Bayern).

das Heer ... umzuwerfen: Im Krieg von 1806/07.

Rußland... vorzudringen: Napoleon erreichte seit 1807 die »Fügsamkeit« des bis dahin mit Preußen verbündeten Zaren dadurch, daß er ihm territoriale Erwerbungen auf Kosten Schwedens und der Türkei gestattete: indem »die beiden großen Mächte gleichsam die Herrschaft über Europa miteinander zu teilen den Anlauf nahmen« (S. W. 48, S. 35). Als sich Rußland nach 1809 immer mehr dem System der Kontinentalsperre entzog, entschloß sich

Napoleon zum Angriff auf das Zarenreich, der ihn 1812 bis nach Moskau führte: »Alexander repräsentierte die Unabhängigkeit eines großen Reiches; Napoleon lebte und webte in der Tendenz, jeden widerstrebenden Willen zu beugen« (ebd., S. 221).
Heraklit: (um 504/500 v. Chr.), griechischer Philosoph; die zitierte Sentenz ist eines der berühmtesten Zeugnisse für seine dynamische Auffassung der Welt: »Krieg ist aller Dinge Vater, aller Dinge König. Die einen erweist er als Götter, die anderen als Menschen, die einen macht er zu Sklaven, die anderen zu Freien« (Fragment 53, in: Hermann Diels, Die Fragmente der Vorsokratiker, Hamburg 1957, S. 27).

62 *1809:* Erhebung Österreichs, der innere Reformen unter Stadion vorangegangen waren.
ganze Einwohnerschaften: In Spanien (1808), Tirol (1809) und Rußland (1812).
große Bevölkerungen: Gemeint ist die preußische Volksbewaffnung in den Freiheitskriegen im Zeichen der allgemeinen Wehrpflicht.

63 *sich ernstlich vereinigte:* 1813 trat eine bis zum Kriegsende 1814/15 dauernde Koalition aus Österreich, Rußland, Preußen, Schweden und Großbritannien zusammen, der sich nach den ersten Siegen noch eine Reihe kleinerer Staaten anschloß.

63* *in dem Werke:* Gegenstand des anonym veröffentlichten Buches, das einen ehemaligen Minister Ludwigs XVIII. und Karls X., Capelle, zum Verfasser hat, ist »cet esprit révolutionnaire, qui deux fois en quarante ans, a bouleversé la France, et se prépare à bouleverser l'Europe« (S. 2): »reptile enflammé« (S. 275 f.); der Überblick reicht, in chronologischer Folge, vom vorrevolutionären Frankreich bis zu den Auswirkungen der Julirevolution. Ranke zitiert die Schlußsätze (S. 276 f.).
der entgegengesetzten politischen Parteien: Revolution und Restauration.

64 *das Prinzip aller Staaten ... das Prinzip eines jeden insbesondere:* Die Voraussetzung dieser Differenzierung ist, daß »das Prinzip aller Staaten« jeweils in »das Prinzip eines jeden« eingeht (s. o. S. 178 f.). Ranke erfüllt das letztere in der Folge mit der »Bedeutung der moralischen Kraft, der Nationalität« und setzt es geradezu mit »dem nationalen Prinzip« gleich. Er versteht darunter

die Begründung eines Staates auf den Konsens des Staatsvolks, das er wiederum jeweils aus eigentümlichen historischen Verhältnissen herkommen sieht. Er zielt damit gleichermaßen auf die vorher von ihm geschilderte Nationalisierung der Politik im Gefolge der Französischen Revolution wie auf die frühere Entwicklung der europäischen Staaten, aus der sie ihm kontinuierlich hervorzugehen scheint, ja, wie der Exkurs in die antike Geschichte zeigt, auf die »besonderen Prinzipien« staatlichen Daseins überhaupt. Ganz in diesem Sinne erscheinen die großen Mächte des 18. Jahrhunderts schon früher als nationale Staaten: »neue nationale Selbstständigkeiten in ursprünglicher Macht« (s. o. S. 49).

64-65 *die Periode der macedonisch-griechischen Königreiche nach Alexander:* Das makedonische Weltreich Alexanders d. Gr. (356-323 v. Chr.) zerfiel im Zuge der Machtkämpfe der Diadochen in mehrere monarchisch regierte Territorialstaaten, die im 2. und 1. Jahrhundert v. Chr. den Römern erlagen. Auch Heeren vergleicht »das, aus der Theilung von Alexander's Weltmonarchie hervorgegangene Macedonische« mit dem modernen europäischen Staatensystem (Handbuch, Bd. 1, S. V).

65 *weil Rom ... an seinem Prinzipe festhielt:* Ranke knüpft hier an den Gedanken des römischen Historikers Sallust an, daß Rom nach dem Sieg über seine äußeren Gegner entartet sei (Catilina, 10,1).

66-68 *Und so sage man denn nicht ... Kraft entgegensetzen:* Dieser Teil ist beim Wiederabdruck 1872 weggelassen.

66 *Dort hat sich die Empörung ... an seinem Ursprung haftet:* In seiner Rezension französischer Flugschriften vom Jahre 1832 sieht Ranke den »durch die vierzig Revolutionsjahre« hindurchgehenden »Haß gegen eine oberste, von aller Verantwortung befreite Gewalt« auch in der Zukunft fortdauern: »Mit der ersten Periode der Revolution, die alle ihre Kräfte aufgebraucht, alle ihre Möglichkeiten erschöpft zu haben scheint, wäre es alsdann vorbei: eine neue Ära derselben begönne, voll anderer Gedanken und neuer Entwürfe, nicht minder aber voll neuer Leidenschaften, welche, wiederum jung und heftig, mit der Wut ihrer Energie zunächst alles zerstören müßten, was die Revolution bis jetzt hervorgebracht hat« (S. W. 49/50, S. 123 u. 125).

Nun sind aber ... erhalten: Ranke handelt davon eingehend in den der französischen Zeitgeschichte gewidmeten Beiträgen zur »Historisch-politischen Zeitschrift«. Seine These ist am klarsten in dem Aufsatz »Über die Restauration in Frankreich«, mit dem die Zeitschrift beginnt, exponiert: Ranke erkennt unter der Restauration »das im Wesen illegitime Frankreich«, die unangetastet gebliebenen politisch-sozialen Grundsätze und Ergebnisse der Revolution, im Widerspruch zur »Legitimität« der Krone, an die sich alles anschließt, »was noch von den Größen des alten Staates übrig war« (S. W. 49/50, S. 30f.): »Die Revolution, ihre Interessen, Erwerbungen, Schöpfungen, waren eine Tatsache: der König erkannte sie an. Allein die Ansprüche der alten Monarchie und alles dessen, was mit ihr zusammenhing, waren nicht minder eine Tatsache« (ebd., S. 31f.): »Der restaurierte Staat lebte aus zwei verschiedenen Prinzipien; – kein Vertrag versöhnte, keine starke Gewalt vermittelte sie; notwendig machten sie sich beide neben einander geltend« (ebd., S. 37).

66-67 *weil Friedrich II ... ihre Meinungen teilte:* Ranke stellt in der »Preußischen Geschichte« die französischen Schriftsteller an Friedrichs Hof um 1750 vor: d'Argens (s. o. S. 170), »der sich mehr in den Kopf gesetzt hatte in seinem Vaterlande nicht leben zu können, als daß dies nicht möglich gewesen wäre«, La Mettrie, der, »ein Opfer fanatischer Verfolgung«, »wegen seiner Meinungen verbannt worden war«, Maupertuis, »der sich durch den europäischen Ruhm, den er in vollen Zügen genoß, berechtigt glaubte, ganz nach seinem Sinne zu leben«, und Voltaire, der »sich endlich bewegen ließ, die vorteilhafte Stellung anzunehmen, die ihm Friedrich für immer in Berlin anbot«: in einer »Zeit, wo Voltaires Empfindlichkeit durch kleine Zurücksetzungen in der Pariser Gesellschaft gereizt war« (S. W. 29, S. 284ff.).

67 *ihren praktischen Tendenzen ... widersetzt:* »Wie oft hat man gesagt, daß seine Äußerungen mit seinen Handlungen im Widerspruch seien, daß sein Wesen gleichsam aus zwei verschiedenen Tendenzen bestanden habe, von welchen die eine in diesen, die andere in jenen hervortrete« (S. W. 29, S. 291f.); freilich sucht Ranke in der folgenden Betrachtung über »Meinungen und Regierungsweise des Königs« diesen »Widerspruch« wiederum zu relativieren:

»Friedrich vereinigte die strenge Staatsordnung des Vaters mit den ihm eingebornen Kulturbestrebungen, wodurch der Widerspruch des soldatischen Wesens mit den Tendenzen des Jahrhunderts vermittelt ward« (ebd., S. 305).

der Gazette und der Quotidienne: Die royalistisch-legitimistischen Zeitungen »La Gazette de France« und »La Quottidienne. La religion, le roi et les lois«; dazu Rankes Abhandlung über die französischen Flugschriften (S. W. 49/50, S. 98 ff.).

auf allen Punkten der ehemaligen französischen Übermacht: In Belgien, Nord-, Mittel- und Süddeutschland, Italien und Polen, die in den Zeiten der Französischen Revolution und Napoleons unter die direkte oder indirekte Herrschaft Frankreichs geraten waren.

68 *Holland:* Holland wurde 1795, nach der Niederlage der Republik im Ersten Koalitionskrieg, französischer Satellitenstaat, fiel 1810 an Frankreich, bildete 1814/15 mit Belgien das Königreich der Niederlande, widersetzte sich hartnäckig einer friedlichen Verständigung mit dem 1830 unabhängig gewordenen Belgien, nahm dabei auch eine zeitweilige Isolierung in Europa in Kauf.

Auch ist die ... nicht ihr einziger Inhalt: Wendung gegen die Universalhistorie und Geschichtsphilosophie der Aufklärung, die die »Weltgeschichte« als fortschreitende Zivilisierung oder Kultivierung der Menschheit begreift (vgl. o. S. 178).

und zwar geistige ... moralische Energien: Das sind tautologische Variationen über das eine Thema der menschlichen Selbstbestimmung in der Geschichte, um das es sich für Ranke bei der Abfolge »der Staaten und Völker« handelt: im Gegensatz zu einer »Weltgeschichte«, die sich, als blindes Schicksal oder als Werk einer allmächtigen Weltvernunft, über die Köpfe der Menschen hinweg vollzieht.

Zu definieren ... erzeugen: Es entspricht der geschichtstheoretischen Reflexionsweise Rankes, daß er diese immer wieder zitierte methodische Grundregel seines historischen Erkennens überhaupt aus einem konkreten Zusammenhang heraus entwikkelt, der ihre ursprüngliche Bedeutung bestimmt: die »Definition« oder »Abstraktion« steht zunächst für eine Betrachtung der europäischen Staaten im Lichte der Universalismen von Revolution und Restauration, die »Anschauung« oder »Wahrnehmung«

für eine individualisierende Einstellung auf die Vielfalt der europäischen Staatenverhältnisse, das »Mitgefühl« für die Fähigkeit, dieser Vielfalt gerecht zu werden.

69 *Sie blühen auf... Weltgeschichte:* Diese Sicht der Staatenkämpfe und Staatenbeziehungen läuft auf den Gedanken eines Fortschritts in der »Weltgeschichte« hinaus, der sich aus der immanenten Dynamik der »moralischen Energien« ergibt: im Gegensatz zum aufklärerisch-idealistischen Fortschrittsgedanken, der alles einem vorher festgesetzten Ziel zustreben läßt.

69-70 *Sind wir nun ... hervorgehen:* Dieser Schluß ist beim Wiederabdruck 1872 weggelassen.

69 *Ich meine nicht ... Nationalität:* Ranke wiederholt hier seine früher ausgesprochene Abneigung gegen die »chimärischen« Absichten der liberal-demokratischen Nationalbewegung, die er über »das Bestehende«, die »Selbständigkeit« der deutschen Staaten hinweggehen sieht (Über die Trennung und die Einheit von Deutschland, S. W. 49/50, S. 135f.).

diese Idee: Der erste, der sie »gefaßt, ausgesprochen und verbreitet« hat, war Goethe in Rezensionen und Aufsätzen aus dem letzten Jahrzehnt seines Lebens; er versteht unter Weltliteratur den planmäßig zu fördernden Verkehr und Austausch der Nationalliteraturen untereinander: »nur wiederholen wir, daß nicht die Rede sein könne, die Nationen sollen überein denken, sondern sie sollen nur einander gewahr werden, sich begreifen, und wenn sie sich wechselseitig nicht lieben mögen, sich einander wenigstens dulden lernen« (nach Fritz Strich, Goethe und die Weltliteratur, Bern 1946, S. 399).

70 *Aus Sonderung ... hervorgehen:* Mit diesem Satz treibt Ranke zugleich seinen Gegensatz zu der vorherrschenden ideologisch-politischen Polarisierung der europäischen Staatenverhältnisse auf die Spitze: indem er die Universalismen von Revolution und Restauration, die ihm die »Eigentümlichkeit« der »Staaten« und »Nationen« zu erdrücken und damit irreal oder gegenstandslos zu sein scheinen, mit der für ihn wahren Universalität des europäischen Staatensystems konfrontiert, die ihm in der fortgesetzten Interaktion dieser Staatsindividualitäten besteht.

73 *meinem benediktinischen Bruder:* Friedrich wird mit einem Mönch des Benediktinerordens verglichen, der sich traditionsgemäß besonders der Pflege der Wissenschaften widmete und seit dem 17. Jahrhundert eine Pflanzstätte philologisch-historischer Gelehrsamkeit war.

Byron: Ranke fand sein Bild des englischen Dichters 1857 in Cambridge in der Statue von Thorwaldsen wieder: »wie er auf den Ruinen von Athen sinnend und etwas zum Childe Harold schreibend dasitzt« (Das Briefwerk, S. 418).

74 *Zeitung:* Nachricht.

Spannung zwischen England und Rußland: Gemeint sind die englisch-russischen Streitigkeiten um den vorwaltenden Einfluß auf die Türkei, die seit dem russisch-türkischen Krieg von 1828/29 im Gange waren und zeitweilig zur Gefahr eines allgemeinen Krieges anzuwachsen schienen. Besonders verschärfend wirkte dabei, zumal nach der west-östlichen Blockbildung im Gefolge der Julirevolution, der russisch-türkische Vertrag von Hunkiar-Iskelessi vom Juli 1833, durch den Rußland geradezu Protektor des osmanischen Reiches wurde: »Es leuchtet ein, daß Rußland, wofern dieser Traktat gehandhabt wurde, nicht allein seine Sicherheit in dem schwarzen Meere gewaltig verstärkte, sondern auch das Recht, zum Schutz von Constantinopel zu intervenieren, sich ausschließend vorbehielt. Längst in den allgemeinen Differenzen mit Rußland begriffen, glaubten England und Frankreich, daß dieser Traktat hauptsächlich ihnen entgegengesetzt sei. England war dadurch noch mehr gereizt als Frankreich: eine Bewegung der englischen Flotte im Jahr 1834 schien auf den Versuch hinzuzielen sich der Dardanellen sofort zu versichern. Zu einem wirklichen Konflikt kam es jedoch damals nicht« (Serbien und die Türkei im neunzehnten Jahrhundert, 1879, S. W. 43/44, S. 337); in einer Tagebuchnotiz Rankes vom Jahre 1833 heißt es über die englische Haltung nach dem Abschluß des russisch-türkischen Vertrags: »Wenn das englische Ministerium auffährt und sich ungebärdig anstellt, so geschieht es nur deshalb, weil es sich vor seiner Opposition, den Tories, fürchtet. Ernstlich denkt es an keine Unternehmung« (W. u. N. 1, S. 287).

Portfolio: Eine 1835-1837 in London erschienene politische Zeitschrift, herausgegeben von dem britischen Publizisten und Diplomaten David Urquhart; einzelne Hefte, die zu Sammelbänden zusammengefaßt wurden. Die Absicht war »of giving a connected publicity to a mass of Foreign State Papers most deeply affecting this country, as also the public relations, and the political position of the various members of the community of nations« (The Portfolio or a Collection of State Papers etc. etc. illustrative of the History of our Times, Bd. 1, London 1836, Prospectus, S. V); den Grundstock bildeten bis dahin geheim gebliebene Dokumente russischer Herkunft, die die expansiven und freiheitsfeindlichen Ziele der russischen Außenpolitik entlarven sollten: »the full developement of the vast projects of conquest and dominion« (ebd., S. VI). Die Zeitschrift wirkte »auf das große Publikum als Sensation und als Wetterzeichen eines vielleicht heraufziehenden englisch-russischen und auf die Welt dann übergreifenden Krieges« (Meinecke, Einführung zum »Politischen Gespräch«, S. 9).

Silistria: Türkische Festung an der Donau, die die Russen 1829 einnahmen und bis 1836 besetzt hielten. Der Rückgabetermin war ein dauernder Streitpunkt zwischen England und Rußland.

die Reise der französischen Prinzen: Die beiden ältesten Söhne des französischen Königs Louis Philippe, der Thronfolger Ferdinand Philippe von Orléans (1810-1842) und Herzog Louis Charles von Nemours (1814-1896), reisten 1836 nach Berlin und Wien; die französische Regierung bemühte sich damals um eine politisch-dynastische Annäherung an die Ostmächte, die Frankreich in Europa größere Bewegungsfreiheit verschaffen sollte.

Alibaud: Louis Alibaud (geb. 1810), französischer Soldat, Kämpfer auf den Barrikaden der Julirevolution, 1834 aus dem Militärdienst entlassen, verübte am 25. Juni 1836 ein mißglücktes Attentat auf Louis Philippe und wurde am 11. Juli 1836 hingerichtet.

den Kammerverhandlungen: Anspielung auf die französische Deputiertenkammer, die, im Unterschied zur bis 1831 erblichen, seitdem lebenslangen Mitgliedschaft in der Pairskammer, aus Wahlen hervorging und damit die parlamentarische Szenerie beherrschte; 1832 hält Ranke im Blick auf Deutschland die Warnung für nötig, »die Debatten der Franzosen wiederholen« zu wollen (Frankreich und Deutschland, S. W. 49/50, S. 70).

75 *Gegensatz der absoluten und konstitutionellen Monarchien:* Der Ost-West-Gegensatz in Europa nach der Julirevolution.

Justemilieu: Das Wort stand ursprünglich für das Bestreben des aus der Julirevolution hervorgegangenen »Bürgerkönigtums« Louis Philippes, die »rechte Mitte« zwischen der royalistisch-legitimistischen und der republikanisch-revolutionären Partei zu halten, und schließlich für eine zwischen der Rechten und der Linken lavierende Politik überhaupt. Dazu Rankes skeptische Bemerkung über Frankreich in der Einleitung zur »Historisch-politischen Zeitschrift« (1832): »sehen wir nicht, wie alles, was daselbst zum Dasein gekommen, sich gegen seinen eigenen Ursprung zur Wehre zu setzen gezwungen ist? Das eigentliche Geheimnis, wenn wir nicht irren, der rechten Mitte« (S. W. 49/50, S. 5).

76 *aber die ... zu werfen:* Als die am 27. Juli 1830 begonnene Revolution die Republikaner zum Sieg zu führen schien, ging der von den Gemäßigten gerufene Generalstatthalter Louis Philippe von Orléans auf Gegenkurs, indem er die beiden Kammern des Parlaments am 3. August eine revidierte Verfassung beschließen und sich von ihnen am 8. August zum König der Franzosen wählen ließ.

unser konstitutionelles Deutschland: Bayern, Württemberg, Baden, Hessen-Darmstadt, die seit 1818/20 geschriebene Verfassungen mit modernen Volksvertretungen besaßen; unter der Einwirkung der Julirevolution wurden auch Hessen-Kassel, Braunschweig, Hannover und Sachsen »konstitutionelle« Staaten. Der Begriff vor Ranke bei Friedrich Christoph Dahlmann, Die Politik, auf den Grund und das Maß der gegebenen Zustände zurückgeführt (1835), hrsg. v. Manfred Riedel, Frankfurt am Main 1968, § 198: »das, wenn man will, konstitutionelle Deutschland, dessen Einwohner Verfassungsrechte besitzen«.

Whigs: Name der englischen Liberalen (s. o. S. 157), die 1832 eine vorsichtige Öffnung des Wahlrechts mit dem Ziel ins Werk setzten, die ökonomisch prosperierenden Mittelschichten in das bis dahin weithin aristokratisch geprägte parlamentarische System einzubauen und damit zugleich, auch im Blick auf die Julirevolution, die Gefahr revolutionärer Aktionen zu bannen; hier in verallgemeinernder Bedeutung gebraucht.

80 *Chambray:* Georges de Chambray (1783-1848), französischer General und Schriftsteller. Sein Hauptwerk war die »Histoire de l'expédition de Russie« (Paris 1823); er beschrieb darin den russischen Feldzug Napoleons von 1812, an dem er selbst teilgenommen hatte. Die von Ranke genannte Schrift schließt an die »Philosophie de la guerre« (Paris 1827, ^{2}1829) an, eine Abhandlung über die Grundzüge der Kriegswissenschaft, die wesentlich auf das Beispiel oder Modell Napoleons ausgerichtet ist: Les deux derniers chapitres de ma philosophie de la guerre, Paris 1835. Das neunte Kapitel hat ein schon in dem Hauptband wiederholt berührtes Thema; dem Autor geht es dabei, mit besorgtem Blick auf Frankreich, um die »harmonie« zwischen militärischen und politisch-gesellschaftlichen Einrichtungen: »Le défaut d'harmonie entre ces institutions est presque toujours l'un des résultats des révolutions, et c'est une des principales causes qui les perpétuent« (Les deux derniers chapitres, S. 57f.).

81 *Die englische Armee:* Les deux derniers chapitres, S. 80ff.; das Resümee des Verfassers lautet: »Les institutions militaires de l'Angleterre me paraissaient être suffisamment en harmonie avec ses institutions politiques et avec ses institutions civiles«: »une des principales causes de la stabilité de cet état depuis sa révolution de 1688 jusqu'à l'époque de sa réforme en 1832« (S. 92). Vgl. auch Philosophie, Paris 1827, S. 8ff.

dem unreformierten Parlament: Vor der Wahlrechtsreform von 1832 (s. o. S. 199f.).

Daraus ... werden: Chambray hält die Gesamtlage nach der Reform noch für stabil: »Au moment où je publie cet écrit, il n'a encore été rien changé aux institutions militaires de l'Angleterre, heureusement pour l'aristocratie anglaise« (S. 92).

Preußen: Les deux derniers chapitres, S. 92ff.; Chambray konstatiert eher einen Widerspruch oder eine Spannung zwischen dem monarchischen Charakter des Staats und dem demokratischen

Charakter der Armee und zumal der Landwehr: »si la fièvre révolutionnaire s'emparait en Prusse, le prince ne pourrait bientôt plus compter sur la landwehr, ni peut être long-tems sur l'armée permanente pour en réprimer les accès, et c'est par là que cet état périrait« (S. 106).
munizipalen Berechtigungen: Die städtische Selbstverwaltung nach der Steinschen Städteordnung von 1808.
die Bevorzugung ... Dienst: »la faculté d'obtenir un congé au bout d'un an de service effectif pour continuer leurs études« (Les deux derniers chapitres, S. 100f.).

82 *»Ein Land ... in der Tat«:* Der zitierte Satz steht in einem Zusammenhang, wo es Chambray gerade auf die mangelnde Einheitlichkeit des preußischen Systems ankommt: »Frédéric-Guillaume III, en donnant à la Prusse de telles institutions militaires, a changé la nature du gouvernement prussien; la liberté existe de fait dans un pays qui a une milice telle que la landwehr prussienne et des institutions municipales comme celles de la Prusse; le prince y est contraint d'employer tous ses soins à rendre le peuple heureux et à obtenir l'assentiment tacite de sa nation pour les grandes questions d'un intérêt général, telles, par exemple, que celles de la paix, de la guerre, d'une forte augmentation d'impôts« (Les deux derniers chapitres, S. 106f.).
Waterloo: Schlacht bei Waterloo am 18. Juni 1815, in der Napoleon einer englischen und einer preußischen Armee unterlag.
Wellington: Arthur Wellesley, Herzog von Wellington (1769-1852), britischer Feldherr und Staatsmann, neben Blücher der Sieger von Waterloo, 1827 Oberbefehlshaber der britischen Landmacht, 1828-1830 konservativer Premierminister, widersetzte sich der 1832 beschlossenen Wahlrechtsreform, gehörte 1834-1835 nochmals einem konservativen Kabinett an.
von der französischen Armee: Les deux derniers chapitres, S. 113ff.; Chambrays Zusammenfassung: »On conclura des développemens qui précèdent, qu'en France, sous la restauration, les institutions militaires n'étaient en harmonie ni avec les institutions politiques, ni avec les institutions civiles; et tant que cette harmonie n'aura pas été rétablie, la France sera continuellement exposée à des révolutions nouvelles« (S. 143). Vgl. auch Philosophie, S. 93 u. 234.

Er kann es nicht vertragen: »Un général illustré dans vingt combats, investi d'un commandement important, n'exerçait des droits politiques que s'il payait les trois cents francs d'impôts« (Les deux derniers chapitres, S. 138). Nach der Verfassung von 1814 war für das aktive Wahlrecht eine Steuerleistung von 300 Frs., für das passive Wahlrecht eine Steuerleistung von 1000 Frs. festgelegt; das Wahlgesetz von 1831 ging jeweils auf 200 und 500 Frs. herunter.

Das Avancement ... geprüft hat: »dans ce gouvernement de déception qui reposait essentiellement sur la corruption, où l'intrigue et les intrigans jouaient un si grand rôle, la recommandation d'un député détaché depuis peu de son manoir, de son bureau ou de sa fabrique pour remplir les fonctions de législateur, était ordinairement plus puissante, pour procurer de l'avancement à un officier, que celle d'un général qui avait pu apprécier sa valeur sur les champs de bataille, son zèle et sa bonne conduite dans les garnisons« (Les deux derniers chapitres, S. 138).

82-83 *Die Offiziere ... werden:* Les deux derniers chapitres, S. 139f.

83 *Die Franzosen ... anzueignen:* Ranke denkt an den französischen Philosophen Victor Cousin (1792-1867), der nach der Julirevolution die Leitung der obersten Lehranstalten in Paris übernahm und für eine Reform des französischen Unterrichtswesens nach dem Muster der Humboldtschen Bildungsreform in Preußen eintrat.

84 *Gegensatz der Staatskörper:* »Gegensatz zwischen Obrigkeit und Untertan, zwischen der Masse der Regierten und der kleinen Zahl der Regierenden« (s. o. S. 78).

Ökonomie: Ordnung.

85 *die drei Stände:* Geistlichkeit, Adel, der die Bürger und Bauern umfassende Dritte Stand.

Es gibt ... Monarchie: Carl folgt hier Montesquieu, der die Aristokratie, die Demokratie, die Monarchie und die Despotie nach »nature« und »principe« unterscheidet (De l'esprit des lois, II-III).

Aber eine Verfassung ... können?: Ranke konnte diese Auffassung zuletzt noch in Dahlmanns »Politik« (s. o. S. 199) antreffen: »Dergestalt ergibt sich, daß Demokratie, Monarchie und Aristokratie, jede für sich allein genommen, keine gute Verfassung versprechen, vielmehr eine um so schlechtere, je mehr jede ganz ungemischt sie selber sein will. Daneben zeigt indes jede dieser Verfassungen ihre eigentümlichen Vorzüge ... Es scheint daher eine Verbindung einer und der andern Form, auch etwa von allen dreien, zur guten Verfassung führen zu können« (§§ 23 u. 24); als das Muster einer solchen gemischten Verfassung gilt Dahlmann Englands »ehrwürdiger Verfassungsbau« (§ 71).

86 *das Verhältnis zwischen Spartiaten, Lacedämoniern und Heloten:* Die Spartiaten waren die Herren, die Lakedämonier oder Periöken persönlich freie Untertanen und die Heloten Leibeigene des spartanischen Staats.

87 *Meinung:* »Doktrin über den Staat« (s. o. S. 87).

Pactum unionis et subjectionis: Die im 17. Jahrhundert neu begründete Naturrechtslehre ließ »die ursprüngliche Bildung der Staaten« gewöhnlich aus einem doppelten Vertrag hervorgehen: aus dem Gesellschaftsvertrag, durch den sich die vorher im Naturzustand lebenden Individuen vereinigen, und aus dem Herrschaftsvertrag, durch den die zur Gesellschaft vereinten Individuen sich einer Regierung unterwerfen: »das trockene Schema weniger Begriffe, die aus einem angeblichen Naturzustand und den Forderungen des Augenblicks abgezogen sind« (Reflexionen, 1832, S. W. 49/50, S. 244).

Gewalt oder Vertrag: Die Entstehung des Staates nach der traditionellen Staatslehre: »par la violence des plus forts: ou du consentement des uns, qui assubiectissent voluntairement aux autres leur pleine & entiere liberté« (Jean Bodin, Les six Livres de la République, Paris 1583, IV 1, S. 504).

88 *Frauenhofer:* Joseph von Fraunhofer (1787-1826), deutscher Physiker und Astronom, Erfinder und Hersteller moderner Fernrohre, die sich bald in allen bedeutenden Observatorien fanden; auch in der 1832-1835 erbauten neuen Berliner Sternwarte gab es ein solches Instrument.

Keppler: Der deutsche Astronom Johannes Kepler (1571-1630) gewann die Gesetze der Planetenbewegung zunächst durch genaue Beobachtung des Planeten Mars.

88-89 *der Wert der sogenannten philosophischen Grammatik:* Ranke zielt damit gegen eine im Zuge der Aufklärung aufgekommene Richtung der Sprachlehre: »die philosophische Sprachlehre untersucht, in wiefern sich die Regel des menschlichen Denkens in den feinen und leisen, aber wesentlichen Abwandlungen des Wortes offenbart«; doch »fällt Niemand mehr ein, nach spekulativen Ergebnissen eine allgemeine und beste Sprache formieren, oder eine vorhandene nach angeblichen Forderungen der Vernunft umgestalten zu wollen« (Reflexionen, S. W. 49/50, S. 244f.).

89 *Fichte:* Johann Gottlieb Fichte, Rechtslehre. Vorgetragen von Ostern bis Michaelis 1812, hrsg. v. Hans Schulz, Leipzig 1920, 3. Teil, Völkerrecht, § 2, S. 158; die Tatsache, »daß verschiedene Staaten entstunden«, ist für Fichte »ein Beweis, daß der Staat nicht eine willkürliche Erfindung, sondern durch die Natur und Vernunft geboten sei« (ebd.).

91 *Nicht dort ... wohl ergeht:* Abkehr von dem auf Cicero (Tusculanae Quaestiones, V 37) zurückgehenden Sprichwort, das hier Inbegriff aufklärerischen Weltbürgertums ist: »Ubi bene, ibi patria«.
Entfernung und Absonderung: Kanada war nach dem Siebenjährigen Krieg (1756-1763) britisch geworden.
Seine Kolonien: Die späteren Vereinigten Staaten von Amerika.

91-92 *Wollte man ... darunter begriffen:* Dem 1815 gebildeten Deutschen Bund, einem Bund souveräner Staaten, gehörten Österreich und Preußen nur mit ihren früher zum Heiligen Römischen Reich Deutscher Nation gehörigen Territorien an; viele Deutsche, etwa in Ost- und Westpreußen, lebten somit außerhalb der Bundesgrenzen.

93 *jene Tencterer, jene Amsivarier:* Zwei westgermanische Völker, die mit Rom Krieg um von ihnen besetztes Land führten: die Tenkterer gingen 55 v. Chr. von Oberhessen über den Rhein, eigneten sich das Land der Menapier an und machten gegen Caesar, der ihnen die Landnahme verwehrte und sie schließlich zum Rückzug zwang, geltend: die Römer »vel sibi agros attribuant, vel patiantur eos tenere quos armis possederint« (Caesar, Bellum Gallicum, IV 7); die heimatlos gewordenen Ampsivarier nahmen 58 n. Chr. ein von den Friesen geräumtes Gebiet an der unteren Ems in Besitz und kündigten den Römern einen Kampf auf Leben und Tod an, in dem sie gleich den Tenkterern unterlagen: »sicuti caelum

deis, ita terras generi mortalium datas; quaeque vacuae, eas publicas esse« (Tacitus, Annales, XIII 55).

94 *Aristoteles:* Er kritisiert vor allem an den Gesetzen der Spartaner, daß sie »nur auf einen einzigen Teil der Tugend, nämlich die kriegerische«, zielten: »Darum hatten sie Erfolg als Krieger und gingen zugrunde als Regenten, weil sie nicht Ruhe zu halten verstanden und überhaupt nichts anderes geübt hatten als nur eben die Kriegskunst«; demgegenüber fordert er, daß »der Krieg um des Friedens willen, die Arbeit um der Muße willen und das Notwendige und Nützliche um des Edlen willen zu betreiben ist« (Politik, 1271 b u. 1333 a; zitiert nach der Ausgabe v. Olof Gigon, München 1978).

95 *Sicherheitsanstalten:* Ranke wendet sich hier wiederum gegen die naturrechtliche Vertragslehre, die die Bildung von Gesellschaft und Staat aus der Notwendigkeit erklärt, den Individuen bei der Ausübung des ihnen angeborenen Rechts auf Leben, Freiheit und Eigentum Schutz zu bieten.

Gedanken Gottes: Dazu ergänzend und präzisierend Rankes Aufsatz »Frankreich und Deutschland«: »Warum gibt es endlich verschiedene Staaten? Ist es nicht darum, weil es verschiedene gleich gute Möglichkeiten derselben gibt? Die Idee der Menschheit, Gott gab ihr Ausdruck in den verschiedenen Völkern. Die Idee des Staates, sie spricht sich in den verschiedenen Staaten aus. Gäbe es nur Eine untadelhafte Möglichkeit des Staates, gäbe es nur Eine rechte Form desselben, so wäre die Universalmonarchie allein vernünftig. – Man redet viel von der Forderung des Geistes der Zeit. Seltsam wäre es, zu behaupten, sie reiche weiter, als die Gemeinschaftlichkeit unsrer Natur überhaupt. Auch ist der Geist nicht von so groben Fäden, daß er sich einem Volke bloß in den Formen mitteilen ließe, die ein anderes erfunden hat, daß man diese von verschiedenen Zuständen auf verschiedene übertragen müßte. Er ist als Principium wirksam und wird sich auf natürlichem Wege aus seiner Gegenwart und seiner Vergangenheit eine neue Zukunft entwickeln. – Ein großes Volk, sowie ein selbständiger Staat, wird nicht allein daran erkannt, daß es seine Feinde von den Grenzen abzuwehren wisse. Die Bedingung seiner Existenz ist, daß es dem menschlichen Geiste einen neuen Ausdruck verschaffe, ihn in neuen, eigenen Formen ausspreche und ihn neu offenbare. Das ist sein Auftrag von Gott« (S. W. 49/50, S. 72 f.). Der Name Gottes steht hier für eine religiöse Legitimierung der von Ranke verkündeten historischen Staatslehre, soll also die Geschichte nicht transzendieren, sondern gerade zu ihr hinführen (vgl. auch o. S. 143).

96 *die europäischen Reiche ... zerfallen sehen:* »Gegensatz der absoluten und konstitutionellen Monarchien« (s. o. S. 75).

Revolutionskriege: Die Kriege zwischen dem revolutionären und Napoleonischen Frankreich und verschiedenen europäischen Koalitionen 1792-1815.

Einmal ... vereinigte!: Am Anfang stand die französische Kriegserklärung an Österreich vom April 1792; die Bildung der Ersten Koalition zog sich bis 1793 hin und brach seit 1795 auseinander.

97 *Portfolio:* S. o. S. 198.

die großen Kontinentalmächte: Die konservativen Ostmächte Rußland, Österreich und Preußen.

Depeschen von Pozzo di Borgo: Charles André, Graf von Pozzo di Borgo (1764-1842), russischer Diplomat korsischer Herkunft, 1814-1832 Botschafter des Zaren in Paris; Ranke meint die im »Portfolio« abgedruckten Depeschen an den russischen Außenminister aus den Jahren 1826-1828.

98 *Depeschen Pozzo di Borgos vom Jahr 1826:* Depeschen vom 22. Dezember 1826 (Portfolio, Bd. 1, S. 213 ff. u. 265 ff.).

Depesche über Ferdinand VII.: Ranke bezieht sich auf folgenden Passus: »Whilst the King of Spain promised in his notes to conduct himself prudently and to take advantage of the advice offered to him not to tamper with his good faith, and to avoid committing errors, that nobody could dare to defend or to dissemble – his agents or those of the faction which rule him, organized a corps-d'armée of Portuguese, who should have been dispersed and disarmed, and prepared without care or shame the invasion of the Portuguese territory by the Marquis de Chaves and other refugee chiefs. – The plan was so much the more senseless that it tended to produce quite the contrary effect to that which its authors expected. In fact, by leaving the Constitution of Don Pedro to its own defects, it would, in its execution, have met with real obstacles in Portugal itself. These obstacles, arising internally, would not have

furnished to England a motive for defending it, and perhaps they would have been obliged to leave it to perish, or allow it to be modified; but from the moment that the Spaniards attacked it, before its vices were known, that attack afforded to Great Britain a motive for intervention, and the Constitution itself became an object of interest and of union to the Portuguese as soon as they combined to defend it against Spanish influence« (Portfolio, Bd. 1, S. 270-272). Es geht um die Haltung, die Ferdinand VII. (1784-1833), seit 1808/14 König von Spanien, ein glühender Verfechter des monarchisch-absolutistischen Prinzips, gegenüber den Ereignissen in Portugal nach dem Tod Johanns VI. im März 1826 eingenommen hat. Johanns ältester Sohn Dom Pedro (1798-1834), seit 1822 konstitutioneller Kaiser von Brasilien, dankte zugunsten seiner noch minderjährigen Tochter Dona Maria da Gloria ab und richtete für sie eine Regentschaft ein, verkündete aber zuvor eine liberale Verfassung. Einer der Vorkämpfer der sich gegen die »Konstitution« formierenden Opposition war der altadelige Marquis von Chaves (gest. 1830), der im November 1826 mit einer auf spanischem Territorium aufgestellten Rebellentruppe in Portugal einfiel. Die portugiesische Regierung fand Rückhalt an England. Im »Portfolio« heißt es in einer Anmerkung zu diesem Passus: »This allusion to the affairs of the Marquis de Chaves no ways proves that Russia had nothing to do with it; besides, this despatch is not confidential« (Bd. 1, S. 271).
Frankreich: Die einschlägigen Zitate aus der Depesche: Pozzo di Borgo konstatiert im Frankreich Karls X. »a sort of inefficacy, if I may so express myself, into which the King allows himself to be insensiblement drawn; by the encouragement given to the inconsiderate zeal of a clergy éxalté, and yet ignorant; by the impulse of men, under the name of congréganistes, who ally ambition to a sort of affected piety, and compromise the person of the King, who is reputed to favour them in secret; by the want of dignity and standing in the first Minister – by the restless jealousy with which he removes talents which might assist him; by the condescension of the Chambers, which has degenerated into servility« (Portfolio, Bd. 1, S. 214f.); er prophezeit: »if the circumstances should become more serious, from whatever cause, then would

appear the moral weakness of the Government in the midst of those immense material resources which it has at its disposal« (ebd., S. 218); zu den notwendigen Gegenmaßnahmen scheint ihm zu gehören, daß die Politik der Regierung besteht »in not contracting the spirit of sect, which is not that of religion, in abstaining from treating France as if pagan or idolatrous, and above all in conciliating the tribunals in general, and the Court of Paris in particular« (ebd., S. 221 f.).

99 *Carl X.:* (1757-1836), 1824-1830 König von Frankreich, dankte nach der Julirevolution ab und ging außer Landes.

Kongregationisten: Die »congrégation«, ursprünglich der Name für religiöse Gesellschaften oder Genossenschaften innerhalb der katholischen Kirche Frankreichs, war im Frankreich der Restauration gleichbedeutend mit der jesuitisch beherrschten »Priesterpartei«, die in Staat und Politik »das geistliche Prinzip« zur Herrschaft bringen wollte: »die meisten Feinde machte Karln X. ohne Zweifel die Meinung, daß er die Jesuiten begünstige« (Reflexionen, S. W. 49/50, S. 230 f.); diese »Meinung« wurde besonders genährt durch ein Gesetz vom April 1825, das die Entweihung der Hostie für ein todeswürdiges Verbrechen erklärte. Ranke bemerkt an anderer Stelle freilich auch den durch die Schulgesetzgebung Karls X. neu entbrannten »Kampf zwischen den Gewalten der Restauration und dieser kirchlichen Partei«, die daraufhin immer mehr ins Lager der »populären Doktrinen« übergegangen sei: »Man hat es diesem Fürsten zum Vorwurf gemacht, daß er zu bekehren suche, und die allgemeine Abneigung, die er erfuhr, mag großenteils mit aus dieser Meinung entsprungen sein. Wir sehen jedoch, wie wenig er den strengen Kirchlichgesinnten genügte, und wie diese ihm in einer unzweifelhaften Feindseligkeit gegenüberstanden«; er sieht den König darunter leiden: »Karl X. schritt sehr ungern dazu. Er soll gesagt haben, es sei ihm schwerer, diese Verordnung zu unterzeichnen, als irgend eine andere in seinem ganzen Leben: er fühle, daß er mit seinen besten Freunden, die er liebe und schätze, in Gegensatz gerate« (Über die Paroles d'un croyant, 1835, S. W. 49/50, S. 304 f.).

die Kammer: Die Deputiertenkammer (s. o. S. 198 f.).

Villele: Joseph, Graf von Villèle (1773-1854), französischer Staatsmann, 1822-1828 Premierminister, verfolgte im Innern wie nach außen einen entschieden restaurativen oder reaktionären Kurs.

Denkschrift des Grafen Bernstorf: Christian Günther, Graf Bernstorff (1769-1835), dänischer und preußischer Staatsmann, 1822-1832 preußischer Außenminister; der amtliche Inaugurator der »Historisch-politischen Zeitschrift«. Seine Denkschrift vom 29. Januar 1831 an den König von Preußen steht am Anfang des »Portfolio« (Bd. 1, S. 11 ff.).

100 *Es heißt daselbst:* Bernstorff schreibt, daß die preußische Regierung »moralische« Mittel einsetzen müsse, um die Öffentlichkeit zu gewinnen: »They must first of all be directed to a right treatment and guidance of the minds of the majority of all the enlightened and possessing (gebildeten und besitzenden) that this majority do not remain neutral, but attack themselves with affection to the measures of Government. They will, therefore, be stimulated through the anticipation, that the majority of the enlightened and possessing actuated by the feeling of their true interests, shall every where be inclined and willing to support powerfully the good views of the Government, when they must acknowledge that all the measures of the Government are directed by views comfortable to the general good; on the other hand, proposals of party spirit – whatever party they may emanate from – must be opposed, and dangers must be removed which the influence of such a spirit on the resolutions of the power of the State, as new examples in various States but too strongly prove, might prepare against the general good« (Portfolio, Bd. 1, S. 15 f.). Genau in diesem Sinne wünscht Ranke in einem früheren Aufsatz der »Historisch-politischen Zeitschrift«: »Gebe uns Gott Männer, welche Augen haben, zu sehen, und Mut, um zu handeln, frei von befangenden Vorurteilen, deren Augenmerk das allgemeine Beste ist und die eben darum fähig sind, das öffentliche Vertrauen zu fesseln!« (Über die Trennung und die Einheit von Deutschland, 1832, S. W. 49/50, S. 155); die ganze Zeitschrift soll nach dem Willen Bernstorffs die preußische Politik so propagieren, wie das die Denkschrift vom 29. Januar 1831 fordert.

mit gesetzlichen Mitteln: Von den »legal means«, deren sich die preußische Regierung im allgemeinen wie im besonderen bedienen müsse, ist in der Denkschrift durchgängig die Rede. Wie ein Echo klingt es, wenn Ranke in der »Historisch-politischen Zeitschrift« »einer gesetzlichen ruhigen Entwickelung« in Deutschland das Wort redet (Über die Trennung und die Einheit von Deutschland, S. W. 49/50, S. 170).

Animosität zwischen Östreich und Rußland, wie sie sich hier zu Tage legt: Ranke meint die »Lage der Dinge im Jahre 1828«: Österreich suchte nach dem Beginn des russisch-türkischen Krieges (s. o. S. 197) einen Bund mit England, Frankreich und Preußen zur Eindämmung der russischen Macht zustandezubringen, war damit aber nicht erfolgreich und lenkte schließlich nur die zeitweilige Feindschaft Rußlands auf sich, vor der es zurückweichen mußte. Das »Portfolio« wirkte auch dadurch sensationell, daß es diese Feindschaft durch den Abdruck der einschlägigen Depeschen von Pozzo di Borgo enthüllte; die Klage über »the hostile and deceitful policy of the Austrian Cabinet« (Bd. 1, S. 343), über die »malevolent intentions and the hostile preparations of the Court of Vienna against Russia« (Bd. 2, London 1836, S. 123) ist der Grundton, auf den diese Berichte gestimmt sind.

Wer hätte ... gedacht: Ranke selbst hielt sich 1828 in Wien auf, wo ihn Gentz, der Vertraute des österreichischen Staatskanzlers Metternich, über »die Lage der Dinge« informierte (s. o. S. 181): »Aus dem Gespräche von Gentz nahm ich ab, daß das Verhältnis der großen Mächte keineswegs ein sehr einmütiges war. Die Notizen, welche einige Jahre später das Portefolio publizierte, und die dann das allgemeine Erstaunen hervorriefen, waren mir bereits damals durch Gentz nicht vorenthalten worden. Er sprach oft unter dem Eindruck der letzten Depeschen aus St. Petersburg, deren Inhalt und Ton er gleichmäßig perhorreszierte«: »von Rußland bekomme man Erlasse, wie sie schlimmer von Napoleon nicht ausgegangen wären« (autobiographische Diktate 1875/85, S. W. 53/54, S. 48 u. 66).

101 *des guten jungen Mannes:* Johann Peter Eckermann (1792-1854), der 1823 in die Dienste Goethes trat; die beiden ersten Bände seiner »Gespräche mit Goethe in den letzten Jahren seines Lebens« erschienen 1836.

Auch ich kann sagen: ich freue mich: Mit diesen oder gleichen Worten pflegt Eckermann seine durchgängige Zustimmung zu Goethe auszudrücken: »Ich freute mich dieser Vorschläge«, »dieses Gleichnisses«, »erquickte mich an diesen herrlichen Worten«, »freute mich, Goethe in einer Folge über einen so wichtigen Gegenstand reden zu hören«, »mein Problem so klar gelöst zu sehen usw.« (zitiert nach der Ausgabe v. Fritz Bergemann, Wiesbaden 1955, S. 41, 53, 133, 205 u. 374).

Ich werde suchen, sie zu heben: Mit der folgenden Lehre einer »Einheit privater und öffentlicher Bestrebungen« (s. o. S. 102) verwirft Ranke die naturrechtliche Auffassung, für die das Individuum mit den ihm angeborenen Rechten dem Staat vorausgeht und den Staat nach seinen Bedürfnissen einrichtet – in genauer Übereinstimmung mit Rousseau, der, gegen die gleiche Doktrin ankämpfend, die Bildung des »état civil« der Entstehung der »moralité« und damit der eigentlichen Menschwerdung gleichsetzt (Contrat social, I 8): »Es sind zwischen dem Schweizer spekulativen Revolutionär und dem deutschen historisierenden Konservativen sehr tiefgehende Unterschiede, ja Gegensätze vorhanden, so offensichtliche, daß sie gar nicht erst aufgezeigt zu werden brauchen. Um so bedeutender ist es, daß trotzdem die beiden gerade in dem Gedanken übereinstimmend sich treffen, auf den es uns hier ankommt und den wir als den wesentlichen betrachten müssen, nämlich in dem Gedanken der sittlichen Verschmelzung von Einzelnem und Staat« (Vossler, Der Nationalgedanke von Rousseau bis Ranke, S. 180 f.).

104 *zu einem politischen Geschöpf:* Ranke zitiert hier die berühmte Aristotelische Definition vom Menschen als »ζῷον πολιτικόν« (Politik, 1253 a).

105 *Plato:* Platon erkennt im Staat, gemäß den verschiedenen Seelenkräften des einzelnen Menschen, verschiedenen Ständen verschiedene Funktionen zu: die Philosophen sollen regieren, die Wächter den Staat nach außen verteidigen und im Innern verwalten, der Nährstand soll arbeitsteilig aus Bauern, Handwerkern und Kaufleuten bestehen (Politeia, IV).

Zehntablösungen: Der Zehnt, ursprünglich der zehnte Teil des Ernteertrages, gehörte zu den Reallasten, die seit dem Mittelalter fast überall in Europa auf dem bäuerlichen Besitz ruhten. Sie wurden seit der Französischen Revolution im Zuge der Bauernbefreiung, meist gegen Entschädigung der Grundherren und anderer zur Erhebung berechtigter Personen oder Institutionen, abgeschafft; diese zwischen den interessierten Parteien heftig umstrittene »Ablösung« zog sich in Deutschland, nach einer Beschleunigung durch die Julirevolution, bis zur Mitte des 19. Jahrhunderts hin.

109 *die deliberativen Formen:* Die parlamentarischen Formen der Beratschlagung, wie sie im »konstitutionellen Deutschland« (s. o. S. 199) eingerichtet waren.

Heraklit: S. o. S. 192; Ranke zitiert Fragment 54: »Unsichtbare Fügung stärker als sichtbare« (nach Hermann Diels, Die Fragmente der Vorsokratiker, Hamburg 1957, S. 27).

110 *Konfarreation:* Ursprünglich älteste Form der römischen Eheschließung; hier ganz allgemein Vertragsschließung.

Staat und Kirche: Ranke schlägt damit ein Thema an, das in seinen beiden großen Werken aus dieser und der folgenden Zeit besonders hervortritt: »Die römischen Päpste« (1834-1836) und »Deutsche Geschichte im Zeitalter der Reformation« (1839-1847). Zwei programmatische Zitate: »Die geistliche und weltliche Gewalt können einander nahe berühren, in der engsten Gemeinschaft stehen; völlig zusammenfallen können sie höchstens ausnahmsweise und auf kurze Zeit. In ihrem Verhältnis, ihrer gegenseitigen Stellung zu einander beruht seitdem eines der wichtigsten Momente aller Geschichte« (Die Päpste, Bd. 1, S. W. 37, S. 8). – »Die Nationalität bewegt sich innerhalb ihrer natürlichen, schon durch die Selbständigkeit der Nachbarn festgesetzten Schranken: die Religion, seit einmal diejenige in der Welt erschienen ist, die den Anspruch und das Recht dazu hat, strebt ewig die allgemeine zu sein ... Man hat gesagt: der Staat sei schon die Kirche; oder die Kirche hat sich berechtigt geglaubt, an die Stelle des Staates zu treten: die Wahrheit ist, daß das geistige Leben – in seiner Tiefe und Energie allerdings sich selber gleich, ein und dasselbe – doch in diesen beiden Institutionen sich äußert, die sich in den mannigfaltigsten Abwandlungen berühren, einander zu durchdringen, oder auch zu beseitigen und auszuschließen suchen, und doch niemals zusammenfallen, niemals eine die andere zu überwältigen vermögen« (Deutsche Geschichte, Bd. 1, S. W. 1, S. 3f.).

Zeittafel

Rankes Leben und Hauptschriften

1795 21. Dezember: Leopold Ranke in Wiehe an der Unstrut (Kursachsen, 1815 preußisch) geboren. Seine Eltern: Gottlob Israel Ranke, Rechtsanwalt, aus einer lutherischen Theologenfamilie stammend, und Friederike, geb. Lehmike, Tochter eines Rittergutsbesitzers. Mehrere Geschwister.

1809-1814 Abschluß seiner Schulbildung an der kursächsischen Fürstenschule in Pforta: Schwerpunkte des Unterrichts Religion und alte Sprachen.

1814-1817 Studium der Klassischen Philologie und Theologie an der Universität Leipzig; sein wichtigster Lehrer der Philologe Gottfried Hermann. Beginnende Beschäftigung mit der neueren deutschen Literatur, Philosophie und Geschichtsschreibung.

1817 Promotion in Leipzig mit einer Dissertation über Thukydides (verschollen).

Fragment über Luther (zu Rankes Lebzeiten unveröffentlicht).

Wanderung an den Rhein: romantisches Interesse an älterer deutscher Sprache, Literatur, Kunst; Höhepunkt der Aufenthalt in Heidelberg, wo Ranke die Boisserésche Sammlung altdeutscher Gemälde (14.-16. Jahrhundert) kennenlernt.

1818 Ablegung der Prüfung für das höhere Lehramt in Berlin.

1818-1825 Oberlehrer am Friedrich-Gymnasium in Frankfurt a. d. Oder: Fachlehrer für Geschichte. Historische Studien.

1824 Geschichten der romanischen und germanischen Völker von 1494 bis 1535, Bd. 1.

1825 Außerordentlicher Professor der Geschichte an der Universität in Berlin.

1827 Fürsten und Völker von Süd-Europa im sechzehnten und siebzehnten Jahrhundert, Bd. 1.

1827-1831 Reise nach Wien, Venedig, Florenz und Rom: Archivstudien; kunstgeschichtliche Interessen.

1829 Die serbische Revolution.
1831 Über die Verschwörung gegen Venedig im Jahre 1618.
1832-1836 Herausgeber der »Historisch-politischen Zeitschrift«.
1832 Mitglied der Akademie der Wissenschaften in Berlin.
1833 Die großen Mächte.
1834 Ordentlicher Professor der Geschichte an der Universität in Berlin.
1834-1836 Die römischen Päpste, ihre Kirche und ihr Staat im sechzehnten und siebzehnten Jahrhundert (Fürsten und Völker von Süd-Europa im sechzehnten und siebzehnten Jahrhundert, Bd. 2-4).
1836 Politisches Gespräch.
Über die Verwandtschaft und den Unterschied der Historie und der Politik (Berliner Antrittsvorlesung).
1839-1847 Deutsche Geschichte im Zeitalter der Reformation.
1841 Historiograph des preußischen Staates.
1843 Archivreise nach Paris.
Heirat mit Clarissa Graves, der Tochter eines Rechtsgelehrten in Dublin; aus der Ehe gehen mehrere Kinder hervor.
1847-1848 Neun Bücher preußischer Geschichte.
1852-1861 Französische Geschichte vornehmlich im sechzehnten und siebzehnten Jahrhundert.
1854 Über die Epochen der neueren Geschichte (Vorträge vor König Maximilian II. von Bayern).
1857 Archivreise nach England.
1858 Gründung der Historischen Kommission bei der Akademie der Wissenschaften in München; Ranke wird Präsident.
1859-1868 Englische Geschichte vornehmlich im sechzehnten und siebzehnten Jahrhundert.
1865 Ranke von König Wilhelm I. von Preußen in den Adelsstand erhoben.
1867 Beginn der Herausgabe der »Sämtlichen Werke«.
1869 Geschichte Wallensteins.
1871 Rückzug vom akademischen Lehramt.
Der Ursprung des siebenjährigen Krieges.
1871-1872 Die deutschen Mächte und der Fürstenbund.
1875 Ansicht des siebenjährigen Krieges.

Ursprung und Beginn der Revolutionskriege 1791 und 1792.

1877-1878 (Hrsg.) Denkwürdigkeiten des Staatskanzlers Fürsten von Hardenberg.

1878 Friedrich II. König von Preußen.

1881-1888 Weltgeschichte (die letzten Bde. von Alfred Dove, Theodor Wiedemann und Georg Winter herausgegeben).

1885 21. Dezember: Huldigungen zu Rankes 90. Geburtstag.

1886 23. Mai: Ranke in Berlin gestorben.

Bibliographische Hinweise

1. Ranke-Gesamtausgaben

Sämtliche Werke, 54 Bde., Leipzig 1867-1890 (abgekürzt: S. W.); darin nicht enthalten: Weltgeschichte, 9 Bde., Leipzig 1881-1888. Eine historisch-kritische Gesamtausgabe v. Paul Joachimsen ist über die »Deutsche Geschichte im Zeitalter der Reformation« und die »Preußische Geschichte« (München 1925/26 u. 1930) nicht hinausgekommen.

Aus Werk und Nachlaß, hrsg. v. Walther Peter Fuchs u. Theodor Schieder, 4 Bde., München u. Wien 1964-1975 (abgekürzt: W. u. N.).

Das Briefwerk, hrsg. v. Walther Peter Fuchs, Hamburg 1949; Neue Briefe, hrsg. v. Hans Herzfeld, Hamburg 1949.

2. Die großen Mächte. Politisches Gespräch (mit den wichtigsten Neuausgaben)

Die großen Mächte u. Politisches Gespräch, in: Historisch-politische Zeitschrift, hrsg. v. Leopold Ranke, Bd. 2, Berlin 1833-1836, S. 1-51 u. 775-807.

Die großen Mächte, in: S. W. 24, 1872, S. 3-40 u. S. W. 49/50, 1887, S. 74-76.

Politisches Gespräch, in: S. W. 49/50, 1887, S. 314-339.

Die großen Mächte, hrsg. v. Friedrich Meinecke (= Insel-Bücherei, Bd. 200) Leipzig o. J. (1916).

Die großen Mächte, in: Leopold von Ranke, Zeitbilder und Charakteristiken, hrsg. v. A. Eggers, Berlin o. J. (1918), S. 254 ff.

Politisches Gespräch, hrsg. v. Friedrich Meinecke, München u. Leipzig 1924.

Politisches Gespräch, in: Leopold von Ranke, Das Politische Gespräch und andere Schriftchen zur Wissenschaftslehre, hrsg. v. Erich Rothacker (= Philosophie und Geisteswissenschaften. Neudrucke, Bd. 2), Halle/Saale 1925, S. 10-36.

Die großen Mächte u. Politisches Gespräch, in: Leopold von Ranke,

Geschichte und Politik. Friedrich der Große, Politisches Gespräch und andere Meisterschriften, hrsg. v. Hans Hofmann (= Kröners Taschenausgabe, Bd. 146), Leipzig o. J. (1940), S. 1-53 u. 78-114.

Politisches Gespräch, hrsg. v. Heinrich Ritter von Srbik (= Insel-Bücherei, Bd. 349, Sonderausgabe), Berlin 1941.

Die großen Mächte u. Politisches Gespräch in englischer Übersetzung in: Theodore H. von Laue, Leopold Ranke. The Formative Years (= Princeton Studies in History, Bd. 4), Princeton 1950, S. 181-218 u. 152-180 (Einleitung S. 139-151).

Die großen Mächte. Politisches Gespräch, hrsg. v. Theodor Schieder (= Kleine Vandenhoeck-Reihe, Bd. 5), Göttingen 1955.

Die großen Mächte u. Politisches Gespräch in englischer Übersetzung in: The Theory and Practice of History. Leopold Ranke, hrsg. v. Georg G. Iggers u. Konrad von Moltke, Indianapolis u. New York 1973, S. 61-130.

Die großen Mächte in englischer Übersetzung in: Leopold von Ranke, The Secret of World History. Selected Writings on the Art and Science of History, hrsg. v. Roger Wines, New York 1981, S. 121-155.

3. Ausgewählte Literatur zu Ranke

Silvia Backs, Dialektisches Denken in Rankes Geschichtsschreibung bis 1854 (= Dissertationen zur neueren Geschichte, Bd. 17), Köln u. Wien 1985.

Friedrich Baethgen, Zur geistigen Entwicklungsgeschichte Rankes in seiner Frühzeit, in: Deutschland und Europa. Historische Studien zur Völker- und Staatenordnung des Abendlandes. Festschrift für Hans Rothfeld, hrsg. v. Werner Conze, Düsseldorf 1951, S. 337-353.

Patrick Bahners, Die göttliche Komödie. Leopold von Ranke und Hayden White, in: Storia della Storiografia, Bd. 24, 1993, S. 71-108.

Georg von Below, Die deutsche Geschichtschreibung von den Befreiungskriegen bis zu unseren Tagen, 2. Aufl. München u. Berlin 1924.

Helmut Berding, Leopold von Ranke, in: Deutsche Historiker, hrsg. v. Hans-Ulrich Wehler, Bd. 1 (= Kleine Vandenhoeck-Reihe, Bd. 331-333), Göttingen 1971, S. 7-24.

Gunter Berg, Leopold von Ranke als akademischer Lehrer. Studien zu seinen Vorlesungen und seinem Geschichtsdenken (= Schriftenreihe der Historischen Kommission bei der Bayerischen Akademie der Wissenschaften, Bd. 9), Göttingen 1968.

Benedetto Croce, Die Geschichte als Gedanke und als Tat, Hamburg 1944.

Otto Diether, Leopold von Ranke als Politiker. Historisch-psychologische Studie über das Verhältnis des reinen Historikers zur praktischen Politik, Leipzig 1911.

Alfred Dove, Leopold v. Ranke, in: Allgemeine Deutsche Biographie, Bd. 27, Leipzig 1888, S. 242-269.

Eduard Fueter, Geschichte der neueren Historiographie, 3. Aufl. München u. Berlin 1936 (Nachdruck mit einem Vorwort v. Hans Conrad Peyer, Zürich u. Schwäbisch Hall 1985).

Lothar Gall, Ranke und das Objektivitätsproblem, in: Liberalitas. Festschrift für Erich Angermann zum 65. Geburtstag, hrsg. v. Norbert Finzsch u. Hermann Wellenreuther (= Transatlantische Historische Studien, Bd. 1), Stuttgart 1992, S. 37-44.

G. P. Gooch, Geschichte und Geschichtsschreiber im 19. Jahrhundert, Frankfurt a. M. 1964.

Eugen Guglia, Leopold von Rankes Leben und Werke, Leipzig 1893.

Notker Hammerstein, Leopold von Ranke und die Renaissance, in: Die Renaissance im 19. Jahrhundert in Italien und Deutschland, hrsg. v. August Buck u. Cesare Vasoli, Bologna u. Berlin 1989, S. 45-64.

Hans F. Helmolt, Ranke-Bibliographie. Mit einem Bildnis Rankes von W. Hensel aus dem Jahr 1859, Leipzig 1910.

Hans F. Helmolt, Leopold Rankes Leben und Wirken. Nach den Quellen dargestellt. Mit achtzehn bisher ungedruckten Briefen Rankes, seinem Bildnis und der Stammtafel seines Geschlechts, Leipzig 1921.

Hans Herzfeld, Politik und Geschichte bei Leopold von Ranke im Zeitraum von 1848-1871, in: Ders., Ausgewählte Aufsätze, Berlin 1962, S. 3-25.

Carl Hinrichs, Ranke und die Geschichtstheologie der Goethezeit (= Göttinger Bausteine zur Geschichtswissenschaft, Bd. 19), Göttingen-Frankfurt a. M.-Berlin 1954.

Georg G. Iggers, Deutsche Geschichtswissenschaft. Eine Kritik der traditionellen Geschichtsauffassung von Herder bis zur Gegenwart (= dtv, Wissenschaftliche Reihe, Bd. 4059), München 1971.

Georg G. Iggers u. James M. Powell (Hrsg.), Leopold von Ranke and the Shaping of the Historical Discipline, Syracuse/New York 1990.

Paul Joachimsen, Einleitung des Herausgebers, in: Leopold von Ranke, Deutsche Geschichte im Zeitalter der Reformation, hrsg. v. Paul Joachimsen (= Ranke. Gesamtausgabe, hrsg. v. Paul Joachimsen, Reihe III, Werk 7), Bd. 1, München 1925, S. VII-CXVII.

Paul Joachimsen, Ranke und wir, in: Ders., Gesammelte Aufsätze. Beiträge zu Renaissance, Humanismus und Reformation; zur Historiographie und zum deutschen Staatsgedanken, hrsg. v. Notker Hammerstein, Aalen 1970, S. 735-758.

Leonard Krieger, Ranke. The Meaning of History, Chicago u. London 1977.

Johannes Kunisch, Das Problem des Normativen in der Wissenschaftslehre Leopold von Rankes, in: Klassik im Vergleich. Normativität und Historizität europäischer Klassiken. DFG-Symposion 1990, hrsg. v. Wilhelm Voßkamp, Stuttgart u. Weimar 1993, S. 493-502.

Theodore H. von Laue, Leopold Ranke. The Formative Years (= Princeton Studies in History, Bd. 4), Princeton 1950.

Max Lenz, Die großen Mächte. Ein Rückblick auf unser Jahrhundert, Berlin 1900.

Gerhard Masur, Rankes Begriff der Weltgeschichte (= Historische Zeitschrift, Beih. 6), München u. Berlin 1926.

Friedrich Meinecke, Weltbürgertum und Nationalstaat, hrsg. v. Hans Herzfeld (= Ders., Werke, hrsg. v. Hans Herzfeld, Carl Hinrichs u. Walther Hofer, Bd. 5), München 1962.

Friedrich Meinecke, Die Idee der Staatsräson in der neueren Geschichte, hrsg. v. Walther Hofer (= Ders., Werke, hrsg. v. Hans Herzfeld, Carl Hinrichs u. Walther Hofer, Bd. 1), 2. Aufl. München 1960.

Friedrich Meinecke, Die Entstehung des Historismus, hrsg. v. Carl Hinrichs (= Ders., Werke, hrsg. v. Hans Herzfeld, Carl Hinrichs u. Walther Hofer, Bd. 3), München 1959.

Friedrich Meinecke, Zur Theorie und Philosophie der Geschichte, hrsg. v. Eberhard Kessel (= Ders., Werke, hrsg. v. Hans Herzfeld, Carl Hinrichs u. Walther Hofer, Bd. 4), 2. Aufl. Stuttgart 1965.

Friedrich Meinecke, Zur Geschichte der Geschichtsschreibung, hrsg. v. Eberhard Kessel (= Ders., Werke, hrsg. v. Hans Herzfeld, Carl Hinrichs †, Walther Hofer, Eberhard Kessel u. Georg Kotowski, Bd. 7), München 1968.

Karl Heinz Metz, Grundformen historiographischen Denkens. Wissenschaftsgeschichte als Methodologie. Dargestellt an Ranke, Treitschke und Lamprecht. Mit einem Anhang über zeitgenössische Geschichtstheorie (= Münchener Universitäts-Schriften. Reihe der Philosophischen Fakultät, Bd. 21), München 1979.

Wilhelm Mommsen, Stein-Ranke-Bismarck. Ein Beitrag zur politischen und sozialen Bewegung des 19. Jahrhunderts, München 1954.

Wolfgang J. Mommsen (Hrsg.), Leopold von Ranke und die moderne Geschichtswissenschaft, Stuttgart 1988.

Ulrich Muhlack, Leopold von Ranke, in: Deutsche Geschichtswissenschaft um 1900, hrsg. v. Notker Hammerstein, Stuttgart 1988, S. 11-36.

Ulrich Muhlack, Das europäische Staatensystem in der deutschen Geschichtsschreibung des 19. Jahrhunderts, in: Jahrbuch des italienisch-deutschen historischen Instituts in Trient, Bd. 16, 1990, S. 43-92.

Ulrich Muhlack, Ranke und die politische Schule der deutschen Geschichtswissenschaft im 19. Jahrhundert. Zum Verhältnis von Geschichte und Politik, in: Comparativ. Leipziger Beiträge zur Universalgeschichte und vergleichenden Gesellschaftsforschung, Jg. 3, H. 6, 1993, S. 92-113.

Thomas Nipperdey, Deutsche Geschichte 1800-1866. Bürgerwelt und starker Staat, München 1983.

Hermann Oncken, Aus Rankes Frühzeit. Mit den Briefen Rankes an seinen Verleger Friedrich Perthes und anderen unbekannten Stücken seines Briefwechsels, Gotha 1922.

Erich Rothacker, Savigny, Grimm, Ranke. Ein Beitrag zur Frage nach dem Zusammenhang der Historischen Schule, in: Ders., Mensch und Geschichte. Studien zur Anthropologie und Wissenschaftsgeschichte, Bonn 1950, S. 20-48.

Jörn Rüsen, Konfigurationen des Historismus. Studien zur deutschen Wissenschaftskultur (= suhrkamp taschenbuch wissenschaft, Bd. 1082), Frankfurt a. M. 1993.

Theodor Schieder, Das historische Weltbild Rankes, in: Ders., Begegnungen mit der Geschichte, Göttingen 1962, S. 105-128.

Hans Schleier, Leistungen und Grenzen des idealistischen deutschen Historismus: Leopold v. Ranke, in: Zeitschrift für Geschichtswissenschaft, Bd. 35, 1987, S. 955-970.

Franz Schnabel, Deutsche Geschichte im neunzehnten Jahrhundert, Bd. 3: Erfahrungswissenschaften und Technik, 3. Aufl. Freiburg i. Br. 1954.

Ernst Schulin, Die weltgeschichtliche Erfassung des Orients bei Hegel und Ranke (= Veröffentlichungen des Max-Planck-Instituts für Geschichte, Bd. 2), Göttingen 1958.

Ernst Schulin, Rankes Erstlingswerk oder Der Beginn der kritischen Geschichtsschreibung über die Neuzeit, in: Ders., Traditionskritik und Rekonstruktionsversuch. Studien zur Entwicklung von Geschichtswissenschaft und historischem Denken, Göttingen 1979, S. 44-64.

Ernst Simon, Ranke und Hegel (= Historische Zeitschrift, Beih. 15), München u. Berlin 1928.

Heinrich Ritter von Srbik, Geist und Geschichte vom deutschen Humanismus bis zur Gegenwart, Bd. 1, 3. Aufl. München u. Salzburg 1964.

Joachim Streisand (Hrsg.), Studien über die deutsche Geschichtswissenschaft, Bd. 1: Die deutsche Geschichtswissenschaft vom Beginn des 19. Jahrhunderts bis zur Reichseinigung von oben (= Deutsche Akademie der Wissenschaften zu Berlin. Schriften des Instituts für Geschichte, Reihe I: Allgemeine und deutsche Geschichte, Bd. 20), Berlin 1963.

Conrad Varrentrapp, Rankes Historisch-politische Zeitschrift und das Berliner Politische Wochenblatt, in: Historische Zeitschrift, Bd. 99, 1907, S. 35-119.

Rudolf Vierhaus, Ranke und die soziale Welt (= Neue Münstersche Beiträge zur Geschichtsforschung, Bd. 1), Münster/Westfalen 1957.

Rudolf Vierhaus, Rankes Verhältnis zur Presse, in: Historische Zeitschrift, Bd. 183, 1957, S. 543-567.

Rudolf Vierhaus, Rankes Verständnis der »neuesten Geschichte«

untersucht auf Grund neuer Quellen, in: Archiv für Kulturgeschichte, Bd. 39, 1957, S. 81-102.

Rudolf Vierhaus, Ranke und die Anfänge der deutschen Geschichtswissenschaft, in: Geschichtswissenschaft in Deutschland. Traditionelle Positionen und gegenwärtige Aufgaben, hrsg. v. Bernd Faulenbach, München 1974, S. 17-34.

Rudolf Vierhaus, Rankes Begriff der historischen Objektivität, in: Theorie der Geschichte. Beiträge zur Historik, Bd. 1: Objektivität und Parteilichkeit in der Geschichtswissenschaft, hrsg. v. Reinhart Koselleck, Wolfgang J. Mommsen u. Jörn Rüsen (= dtv, Wissenschaftliche Reihe, Bd. 4281), München 1977, S. 63-76.

Otto Vossler, Der Nationalgedanke von Rousseau bis Ranke, München u. Berlin 1937.

Otto Vossler, Rankes historisches Problem, in: Ders., Geist und Geschichte. Von der Reformation bis zur Gegenwart. Gesammelte Aufsätze, München 1964, S. 184-214.

Otto Vossler, Ranke und die Politik, in: Ders., Geist und Geschichte. Von der Reformation bis zur Gegenwart. Gesammelte Aufsätze, München 1964, S. 166-183.

Hayden White, Metahistory. Die historische Einbildungskraft im 19. Jahrhundert in Europa, Frankfurt a. M. 1991.

Michael-Joachim Zemlin, Geschichte zwischen Theorie und Theoria. Untersuchungen zur Geschichtsphilosophie Rankes (= Epistemata, Würzburger Wissenschaftliche Schriften. Reihe Philosophie, Bd. 35), Würzburg 1988.